운의
비밀지도

운의 비밀지도

運

음양오행으로 읽는 때 · 장소 · 길

유현선 지음

도서출판 더 로드
The Road Books

PART 4

명운을 움직이는 힘, 개운(開運)

PART 5

운(運)과 부(富)의 교차점

길을 묻는 나이, 다시 명리학을 읽다

오십을 넘긴 지금, 인생을 돌아보면 누구에게나 한 번쯤은 길을 잃고 방황하거나 후회되는 선택을 했던 순간이 떠오를 것이다. 나 역시 중요한 결정을 앞두고 깊은 고민을 하던 때가 있었다. 그 시절, 주변에서 "용하다"는 이야기를 듣고 사주를 보러 갔던 기억이 난다. 방향을 잃고 흔들리던 마음에 그때 들었던 말 한마디는 오래도록 마음에 남았고, 때로는 인생의 선택에 영향을 주기도 했다.

삶의 무게가 버겁고 미래가 불안할수록, 사람들은 동아줄이라도 붙잡듯 무언가에 기대고 싶어 한다. 사주 상담이나 무속인의 말 또한 그러한 마음에서 비롯된 선택일 것이다. 그러나 요즘 유행하는 'K-무속' 문화 속에서 명리학이 본래의 깊이를 잃고 가벼운 오락처럼 소비되는 현실은 아쉬움을 남긴다.

  명리학이 말하는 통변(通辯)은 한 사람의 삶을 깊이 흔들 수 있는 힘을 지녔다. 잘못된 해석은 오히려 누군가의 인생을 그릇된 방향으로 이끌 수 있기에, 명리학을 전하는 사람에게는 평생에 걸쳐 배움에 정진해야 할 무거운 책임이 따른다고 본다.

  "명리학을 왜 배우게 되셨어요?"
  사람들은 종종 의외라는 표정으로 이렇게 묻곤 한다. 박사 학위를 마치고 비로소 시간이 허락되었을 때, 나는 미뤄 두었던 명리학 공부를 본격적으로 시작했다. 공자가 오십에 『역경』을 접하고 이십여 년의 공부 끝에 비로소 깨달음에 이르렀다는 이야기는 나를 움직였다. 나 또한 "언젠가 긴 호흡으로 몰입할 수 있는 시간이 오면 명리학을 배워 보리라" 다짐해 왔다.

  명리학은 단순한 운명 풀이가 아니다. 나 자신을 온전히 이해하고, 타인을 그들의 자리에서 바라보며, 이 세상을 보다 주체적으로 살아갈 수 있도록 이끄는 인문학적 사유이자 심리학적 통찰이라 생각한다. 명리학을 공부하며 나는 내 그릇의 크기를 알게 되었고, 주어진 명(命)의 크기에 감사하는 마음을 배웠다. 나에게 주어진 '때'와 '장소', 그리고 '가야 할 길'을 알아차리는 법도 알게 되었다. 덕분에 '때'가 오기 전에 준비하고, 나에게 맞는 '장소'에서, 천명에 맞는 그 '길'을 조금은 담담히 걸어갈 수 있게 되었다. 또한 역지사지(易地思之)의 마음으로 사람들을 바라보게 되면서, 타인을 이해하는 폭도 넓어졌고, 이전보다 외부의 자극에 쉽게 흔들리지 않는, 조금 더 단단해진 나를 발견하게 되었다. 무엇보다 명리학은 막연한 미래에 대한 불안 대신 '감사'의 마음으로 하루하루를 살아가는 법을 가르쳐주었다.

공부를 시작하며 '언젠가 공부가 무르익으면 책을 써 보고 싶다'는 막연한 생각은 있었지만, 그 시기는 아마 육십 대쯤이 될 것이라 짐작했다. 그러나 인생은 늘 뜻대로만 흐르지 않는다. 지금 돌아보면, 이 책을 쓰게 된 것도 내 사주팔자 흐름 속에 있었던 일일지 모른다. 무엇보다 백송(白松) 선생님의 따뜻한 격려가 있었기에 가능한 일이었다.
"좋은 책을 만나는 것은 좋은 스승을 만나는 것이다."
그 말씀에 힘입어, 아직은 배움의 깊이가 부족하지만 명리학을 알고자 하는 이들에게 작은 도움이 되길 바라는 마음으로 용기를 내어 이 책을 펴낸다.

나는 부동산학 박사로서 대학원에서 강의하고, 실무 현장에서는 부동산 중개와 컨설팅을 병행하고 있다. 명리학은 종종 미신이나 역술로 오해받지만, 나는 이를 보다 넓은 시선에서 역술이 아닌 역학(易學)이라는 학문적 토대 위에서 바라보고자 했다. 그 안에 담긴 깊고 합리적 사고와 체계적인 논리를 독자들과 나누고 싶었고, 이 책은 그런 바람에서 시작되었다.

　명리학의 기본 이론은 이미 많은 책에서 다루어져 있기에, 이 책에서는 핵심 개념을 중심으로 인문학적 사유와 심리학적 이해를 아우르는 시선에서 최대한 쉽게 풀어내고자 했다. PART 1과 PART 2에서는 전체 흐름을 이해하기 위한 기본 이론을 정리했고, PART 3부터 PART 5에서는 실제 사주팔자의 사례를 통해 명리학이 삶과 어떻게 맞닿아 있는지를 보여주고자 했다. 독자들이 사례를 통해 흥미를 느낀 뒤, 다시 이론으로 돌아와 반복해서 읽는다면, 이해의 깊이와 배움의 즐거움이 한층 더 기길 것이리 기대한다.

　이 책이 불확실한 시대를 살아가는 독자들에게 삶의 방향과 용기를 전하고, 명리학이 지혜의 학문으로 자리매김하는 데 작은 밑거름이 되길 바란다. 마지막으로, 늘 부족한 제자를 따뜻하게 이끌어 주시고, 귀한 시간을 내어 감수해 주신 백송(白松) 선생님께 깊은 감사를 전한다.

2026년
유현선

PART

1

명리학의
문을 열다

미래를 밝히는 일기예보,
명리학과 명운(命運)

운칠기삼, 인생을 움직이는 보이지 않는 힘

흔히들 인생은 '운칠기삼(運七技三)'이라 말한다. 세상일의 성패가 칠할은 운에, 삼 할은 재주나 능력에 달려 있다는 뜻이다. 우리의 의지와 노력만으로는 뜻을 이루기 어렵고, 결국 '운(運)'이라는 보이지 않는 힘이 뒤를 받쳐주어야 비로소 성취에 이를 수 있다는 의미일 것이다.

미국의 저명한 작가 마이클 루이스(Michael Lewis)도 "우리는 성공을 흔히 실력의 결과로 합리화하지만, 실제로는 운이 훨씬 크게 작용한다."라고 말한 바 있다. 동서양을 막론하고 명리학에 관심이 없는 사람들조차도, 인생의 결정적인 순간에는 실력보다 운이 더 큰 역할을 한다는 사실을 직감적으로 인정하게 된다.

명리학에서 '명운(命運)', 우리가 흔히 '운명'이라 부르는 개념 또한 이와 통한다. 여기서 명(命)은 하늘로부터 부여받은 것으로, 태어날 때부터 정해진 자신의 본질이자 그릇을 뜻한다. 흔히 '배'나 '자동차'에 비유되는 것이 바로 이 명이다.

반면 운(運)은 바꿀 수 있는 것으로, 그 명의 상태와 흐름을 판단하는 기준이 된다. 그래서 흔히 '뱃길'이나 '도로'에 비유된다. 즉 운이란 하늘로부터 받은 소명과 우리가 이루고자 하는 바가 현실에서 실제로 이루어지게 하는 힘이라 할 수 있다. 사주의 명운(命運)에서 '명'이 타고난 그릇으로 불변한다면, '운'은 명의 상태를 판단하는 요건으로 변화될 수 있다. 명(命)이 '배'라면, 운(運)은 '뱃길'인 것이다.

이를 조금 더 쉽게 이해하기 위해 다음의 비유를 떠올려보자. 어떤 이는 남들이 부러워할 만큼 크고 우아한 배를 타고 잔잔한 바람에 돛을 맡기며 순탄한 항로를 항해한다. 반면, 어떤 이는 엉성하게 엮은 뗏목 하나에 몸을 싣고 폭풍우와 거센 파도를 헤치며 험난한 여정을 이어간다.

자동차 역시 마찬가지다. 아무리 값비싼 고급차를 몰고 있다 해도, 울퉁불퉁한 비포장도로에 폭우까지 몰아치는 험난한 여정이라면 고난의 연속이 될 것이다. 반대로 자동차는 다소 볼품없고 작더라도, 매끈한 아스팔트 도로 위를 맑고 청명한 하늘 아래 달린다면 그 여행은 훨씬 더 편안하고 행복하게 느껴질 것이다.

명(命)은 같아도 운(運)은 달라진다

이렇듯 타고난 명(命)이라는 그릇이 아무리 크고 훌륭하다 하더라도, 그것을 실현시키는 운(運)의 흐름이 어떠한가에 따라 삶의 궤적은 크게 달라진다. 좋은 운을 만나면 큰 뜻을 이루어 대성할 수 있지만, 불운을 만나면 그 뜻을 이루는 과정이나 결과가 고통과 좌절로 이어질 수 있다. 결국 인생을 움직이는 진짜 힘은 내 안에서만 나오는 것이 아니라, 나를 둘러싼 명운의 흐름 속에서 함께 완성되는 것이다.

명운을 살필 때, 스무 살 이전의 초년 시절은 대부분 부모의 명과 운의 영향 아래 놓이게 된다. 학창시절인 스무 살 전까지는 자신의 타고난 명보다도 가정 환경과 부모의 운, 즉 환경적 요인이 삶의 방향을 더 크게 좌우할 수 있다.

명리학을 접하는 사람들이 자주 던지는 질문 가운데 하나가 "같은 날, 같은 시각에 태어난 사람들의 운명은 똑같은가요?"라는 것이다. 이어 "그렇다면 쌍둥이는 같은 부모 밑에서 태어났으니, 똑같은 삶을 살아야 하는 것 아닌가요?"라는 질문이 따라온다.

명리학에서 명(命)을 불변의 타고난 그릇이라 했으니, 같은 시각에 태어난 사람들은 사주팔자 여덟 글자가 같아 동일한 명을 지녔다고 볼 수도 있다. 그러나 운(運)은 다르다. 어떤 부모를 만나고 어디서 태어났는지, 초년기에 어떤 친구를 만났는지, 어떤 배우자를 만나 어떤 관계를 맺었는지와 같은 환경 변수에 따라 같은 '명'이라도 '운'은 달라지게 된다.

바로 여기에 명리학의 학문적 깊이와 배움의 즐거움이 있다. 만약 우리의 사주팔자가 평생 단 하나의 정해진 답을 가지고 있고, 모든 것이 운명처럼 고정되어 있다면 명리학은 그저 숙명론적 세계관에 머물렀을 것이다. 그러나 그렇지 않기에, 우리는 변화의 가능성 속에서 길을 찾고 삶을 다듬을 수 있다.

명리학, 과거를 읽어 미래를 그리는 학문

앞서 살펴봤듯, 명(命)은 변하지 않는 타고난 기운으로, 이미 지나온 '과거'에 대한 해석이라면, 운(運)은 앞으로 다가올 '미래'의 흐름을 말한다. 이 점에서 명리학은 단순한 운명론이 아니라, 다가올 미래를 가늠하고 대비하게 하는 미래학(未來學)이라 할 수 있다.

무속의 주술이나 역술이 주로 과거의 일이나 조상의 덕을 점치는 데 보다 초점을 맞춘다면, 명리학은 과거나 타고난 명을 해석하되, 그 명이 어떤 운의 흐름 속에서 변화할 수 있는가를 읽어내는 학문이다.

사람은 동서고금을 막론하고 언제나 알 수 없는 미래 앞에서 답을 구해왔다. 한국뿐 아니라 전 세계 모든 민족이 자신만의 방식으로 점을 치고, 그 속에서 인간 존재의 철학적 질문에 다가서려 했다. 지금 이 순간에도, 우리는 앞으로 닥칠 행운과 불운이 무엇인지 알고 싶어 한다. 그리고 만약 흉한 일이 다가온다면, 그것을 피하거나 최소한 대비하고자 한다.

명리학의 뿌리는 사서삼경(四書三經) 가운데 하나인 『역경(易經)』에서 시작된다. 이 책은 명리학의 기초가 되는 경전으로, 진시황의 분서갱유(焚書坑儒) 때에도 불타지 않고 전해졌다. 그것이 가능했던 이유는, 유교 경전이라기보다 자연의 법칙과 점술을 다룬 실용서로 여겨졌기 때문이다.

'역(易)' 자는 하늘을 뜻하는 일(日)과 땅을 뜻하는 월(月)이 합쳐져 만들어진 글자로, 『역경』은 이처럼 일월(日月)이 운행하는 법칙을 서술한 책이었다. 본래 고대 원시 시대에는 점을 치기 위한 기술서로 쓰였으나, 시간이 흐르면서 공자와 유가 학자들이 그 위에 철학적·인문학적 해석을 더하며 사유의 깊이를 확장시켜 갔다.

주나라 시대에는 '주나라의 역(易)'이라는 뜻으로 『주역(周易)』이라 불리게 되었고, 이는 단순한 점술서를 넘어 우주와 인간의 관계를 탐구하는 사상서로 발전했다. 공자는 오십의 나이에 『역경』 공부를 시작하여 이십여 년간 탐구를 이어갔으며, 그 결실로 심화 해설서인 『계사전(繫辭傳)』을 남겼다. 그 과정에서 단순한 점술서의 범주를 넘어, 인간과 자연, 그리고 미래를 이해하는 지혜의 책으로 거듭나게 되었다.

사주팔자, 우주가 새긴 여덟 글자

우리가 다루게 될 '사주팔자(四柱八字)'란 말 그대로 '네 기둥 여덟 글자'를 뜻한다. 사람이 태어난 연(年), 월(月), 일(日), 시(時)의 네 가지 기둥을 '사주(四柱)'라 하고, 각 기둥이 위·아래 두 개의 글자로 이루어져 모두 여덟 글자로 구성되기에 '팔자(八字)'라고 부른다.

이는 한 사람이 세상에 태어나는 그 순간, 부모와 그 장소부터 받은 우주의 기운이며, 명(命)의 주인이 첫 호흡과 힘께 빋아들인 음양오행의 기운을 여덟 글자로 표현한 것이다. 즉, 사주팔자는 타고난 그 사람만의 기운이자 하늘과 땅, 그리고 자연의 질서 속에서 주어진 '삶의 설계도'라 할 수 있다.

기업의 성공에서 비전(Vision)과 미션(Mission), 목표(Goal)가 중요하듯, 한 사람의 삶에서도 이 세 가지는 필수적이다. 그리고 그것은 자신의 명운에 맞게, 그릇의 크기에 맞게 세워져야 한다. 명리학에서 말하는 통변(通辯)이란 바로 이 비전과 미션, 목표를 사주팔자 속에서 읽어내는 과정인 것이다.

백송 선생님은 통변이란 "미래를 밝히는 일기예보"와 같다고 늘 말씀하셨다. 통변을 할 때는 아나운서나 전달자처럼 음양오행의 이치에 따라서만 왜곡 없이 전달해야 한다는 뜻이다. 일기예보가 폭우를 막을 수는 없지만 미리 우산을 준비해서 나갈 수 있게 하듯이, 통변도 공포심을 조장하거나 근거 없는 말로 사람을 잘못된 길로 이끌어서는 안된다고 강조하셨다. 다가올 흐름을 미리 알려 주어 우리가 준비하고 대응할 수 있도록 용기와 힘을 실어 주는 것, 그것이 통변의 역할인 것이다.

나 역시 그러한 가르침을 마음에 새기고 끊임없이 공부하면서, 음양오행의 이치를 올바르게 전달하는 통역자이자 안내자가 되기 위해 노력하고 있다. 그것이야말로 명리학이 지닌 본래의 가치이자, 우리의 삶에 진정한 도움이 되는 지혜라고 믿기 때문이다.

명리학 고전 이론의 세 가지 축
운세론 · 격국론 · 조후론

명리학의 탄생과 흐름

명리학은 사람이 태어난 연(年)·월(月)·일(日)·시(時), 즉 생년월일시를 바탕으로 현재와 미래를 예측하고 삶의 흐름을 해석하는 학문이다.

그 시초는 대략 천여 년 전, 오대(五代) 시기의 서자평(徐子平) 선생에게서 비롯된다. 그는 이전까지 연주(年柱, 태어난 해)를 중심으로 해석하던 기존 이론을 넘어, 생일을 나타내는 일간(日干)을 중심으로 사주를 판단하는 오늘날의 명리학 이론을 체계화시켰다.

이후 송대(宋代)에 이르러 서대승(徐大升) 선생이 서자평의 일간 중심 이론을 더욱 발전시켜 『연해자평(淵海子平)』을 저술하였다. 『연해자평』은 자평명리(子平命理)의 이론을 체계적으로 집대성한 고전으로,

격국론(格局論)과 신살론(神殺論) 등 명리학의 핵심 이론을 폭넓게 담고 있다.

명대(明代)에는 오늘날 명리학의 학문적 기틀이 되는 다양한 명리학 저서들이 잇달아 출간되었고, 청대(淸代)에 이르러서는 명리학이 절정의 꽃을 피우며 완성도를 갖추게 되었다.

명리학의 세 가지 핵심 이론

명리학의 뿌리를 이루는 세 가지 핵심 고전 이론을 살펴보면 다음과 같다.

1. 운의 흐름을 읽는 법, 운세론(運勢論)

가장 먼저 살펴볼 이론은 명리학에서 가장 중요하다고 할 수 있는 운세론(運勢論)이다. 운세론은 사주에서 재물과 용신(用神)을 중심으로 운의 흐름을 읽어내는 방법으로, 흔히 '억부론(抑扶論)'이라 부른다.

'억부(抑扶)'는 '억누르고(抑)', '돕는다(扶)'는 의미로, 사주팔자에서 어떤 오행이 지나치게 강하면 억(抑)하여 눌러주고 덜어내며, 어떤 오행이 지나치게 약하면 부(扶)하여 도와주어 균형을 이루는 원리를 뜻한다.

운세론의 대표적인 고전은 중국 명나라 시대의 유백온(劉伯溫) 선생이 저술한 『적천수(滴天髓)』다.

『적천수』는 사주팔자를 이루는 4개의 기둥, 즉 연주(年柱), 월주(月柱), 일주(日柱), 시주(時柱)와 이를 구성하는 천간(天干)과 지지(地支)의 관계를 해석하는 원리를 다룬다. 각 기둥의 역할과 의미, 오행(五行)의 상생과 상극, 십신(十神)의 개념 등을 통해 사주를 해석한다. 특히 용신(用神)과 희신(喜神)을 찾아 사주의 균형을 맞추는 방법을 강조한다.

2. 그릇과 구조를 보는 눈, 격국론(格局論)

두 번째는 사람의 그릇과 재주를 중심으로 판단하는 격국론(格局論)이다. 격국론의 대표적인 고전은 명나라 시대 심효첨(沈孝瞻) 선생이 저술한 『자평진전(子平眞詮)』으로, 『적천수』와 함께 명리학의 양대 고전으로 꼽힌다.

『자평진전』이 얘기하는 '격국(格局)'이란 사주의 틀과 구조를 뜻한다. 격국론은 사주의 구조를 분석하여 명(命)의 주인이 가진 성향과 재능, 그리고 어떤 길을 가야 하는지, 그릇의 크기는 어느 정도인지를 파악한다. 『적천수』가 사주팔자 자체보다는 운의 흐름과 운세를 중시한다면, 『자평진전』은 사주팔자 자체를 우선시 한다는 점에서 차이가 있다.

3. 한난조습을 읽는 지혜, 조후론(調候論)

마지막으로 살펴볼 이론은 조후론(調候論)이다. 조후론은 사주 해석에서 일간(日干)이 태어난 계절의 영향을 중요하게 고려한다. 그 계절적 조건에 따라 사주팔자 여덟 글자의 오행의 성질과 강약을 해석하는 방법이다.

조후론의 대표적인 고전인 『궁통보감(窮通寶鑑)』은 난강망(欄江網)이 편찬한 저술로, 이후 서락오(徐樂吾) 선생이 이를 현대적으로 재해석하고 주석을 달아 정리하였다. 조후론은 일간이 태어난 계절에 따라 필요한 오행을 보충하거나 과한 기운을 억제함으로써, 오행의 균형과 사주 전체의 조화를 이루는 방법을 제시한다.

세 가지 이론, 하나의 눈으로 보다

『적천수』, 『자평진전』, 『궁통보감』은 모두 명리학에서 빼놓을 수 없는 중요한 핵심 고전이다. 그러나 이들 가운데 어느 하나의 관점으로만 사주팔자를 해석하려 한다면, 음양오행의 깊고 복잡한 이치를 온전히 담아낼 수 없다. 따라서 사주를 통변할 때는 세 가지 이론을 상호 보완적 관점에서 유연하고 포괄적으로 살펴보는 것이 중요하다.

예를 들어, 격국론(格局論)의 관점에서 사주팔자의 그릇과 구조를 판단한 뒤, 운세론(運勢論)을 통해 운에서 들어오는 기운의 흐름을 판단하는 것이 현명한 감명법이 될 것이다. 물론 그 반대로 운세론을 먼저 본 후 격국론을 살펴도 무방하다. 다만 사주팔자 여덟 글자의 조후(調

候)의 균형이 무너져 있다면, 이때는 조후론의 해석이 보다 결정적인 역할을 하게 될 것이다.

백송 선생님은 사주팔자를 해석할 때 하나의 이론만으로 판단해서는 안 된다고 강조하시며, 운세론과 격국론, 조후론을 각각 55 : 35 : 10(%) 정도의 비중으로 함께 살펴야 한다고 강조하셨다. 『적천수』를 제대로 이해하지 못하고 운세론에만 매달리다 보면, 흔히 말하는 '적천수병'에 길려 『자평진전』의 본뜻을 이해하지 못하고, 명리학의 근본에도 다가가기 어려울 수 있다. 마치 학계에도 다양한 학파가 공존하듯, 운세론 하나만, 격국론 하나만이 절대적으로 옳다고 여기는 인식에서 벗어날 필요가 있다. 각 사람의 명(命)이 지닌 고유한 특성에 맞추어, 보다 종합적이고 유연한 관점으로 바라봐야 할 것이다.

이를 위해서는 『적천수』의 운세론에서 강조하는 오행과 십신, 용신 등의 개념을 정확히 파악하고, 『자평진전』의 격국론을 통해 사주의 기본 구조와 패턴을 분석하여 전반적인 성향과 운세를 읽어야 한다. 이어 『궁통보감』의 조후론을 통해 계절적 요소와 환경 조건을 고려하여 사주의 균형을 맞추고 구체적인 해석을 보완해야 한다.

이 세 가지 이론은 단순히 재물이나 사회적 지위와 같은 길흉화복의 문제를 넘어, 개인의 성격과 심리, 삶의 방향성까지 통찰하게 해주는 명리학의 핵심 이론이다. 400여 년 전에 집필된 고전들이지만, 오늘날까지도 명리학의 가장 중요한 저서로 꼽히며 수많은 학자들의 연구와 해석을 통해 학문적 이론들이 이어오고 있다. 다만 세월이 흐르며 일부 명리학자들의 개인적 견해나 해석이 덧붙여지면서 고전의 본래 의미가 왜곡되는 경우도 적지 않다는 점은 염두에 둘 필요가 있다.

우리나라의 경우, 안타깝게도 고려시대의 명리서는 전해지지 않는다. 다만 『조선왕조실록』이나 『동국이상국집』 등 조선시대의 기록에서 일부 명리학 관련 내용이 확인된다.

근대로 들어서면서 한국 명리학에는 세 명의 거장이 등장한다. 『명리요강』을 저술한 '용신론'의 대가 도계 박재완(1903~1993), 『사주첩경』을 집필하며 '신살론'을 정립한 자강 이석영(1920~1983), 그리고 책은 남기지는 않았지만 '물상론'의 대가로 알려진 제산 박재현(1935~2000)이 그들이다.

참고로 백송 선생님 또한 "이름을 세상에 드러내지 말라"는 스승이신 백산(白山) 선생님의 가르침을 지키기 위해 책을 출간하거나 이름을 알리지 않으면서, 재야에서 조용히 후학을 양성하며 명리학의 학문 체계를 정립하고 계신다.

음양(陰陽), 자연의 이치이자 세상을 보는 또 하나의 눈

모든 길은 음양으로 통한다

"오십 년 넘게 공부를 해보니, 결국 음양오행(陰陽伍行)으로 귀결되더라"

백송 선생님이 평생 명리학을 공부하며 깨달으신 진리로 말씀해주신 한 마디다. 우주의 진리가 단순하듯, 아무리 여러 학파와 이론이 있어도, 결국은 돌고 돌아 음양오행으로 귀결되더라는 것이다.

명리학의 출발은 바로 이 음양오행(陰陽伍行)이다. 이는 명리학만의 전유물이 아니다. 동양 의학에서는 인체의 생리와 질병을 이해하는 근간이 되었고, 자연을 바라보는 '균형과 순환'의 철학은 칼 융(Carl Jung)

을 비롯한 서양 사상가들에게 깊은 영감을 주었다.

　음양오행은 단지 이론이 아니라, 세상을 바라보는 하나의 인문학적, 철학적 사고 체계이자 인생을 이해하는 자연의 이치라 할 수 있다. 다시 말해 이는 세상을 바라보는 '세계관'이자, 자연의 질서를 탐구하는 '우주관'이며, 인간의 삶을 통찰하는 '인문관'이자, 생명과 건강을 다루는 '의학관'인 셈이다.

　음(陰)과 양(陽)의 속성을 찬찬히 들여다보면, 그것은 단순한 개념의 나열이 아니라 자연과 우주, 그리고 인간 존재의 이치를 꿰뚫는 핵심 언어임을 알 수 있다.

　아래의 문장들을 단순한 정의로 흘려 읽지 말고, 하나하나 곱씹으며 마음 깊이 되새겨보길 바란다. 그러다 보면 세상의 모든 변화와 운행, 우주의 질서와 인간 삶의 이치가 결국 이 음(陰)과 양(陽) 안에 온전히 담겨 있음을 깨닫게 될 것이다.

- 어둠이 있어야 빛이 더 빛나고, 불행이 있어야 더 큰 행복이 있듯이, 음과 양의 속성은 우리의 삶 속에 존재한다.
- 음과 양은 하나 속에 들어있는 둘로서, 혼자서는 존재할 수 없다.
- 음과 양은 함께 같이 다니는 뗄 수 없는 관계이나, 한 뿌리이면서 하나가 될 수 없다.
- 음과 양은 대립하면서도 화해하고, 화해하면서도 대립한다.

• 음과 양은 고정되어 있지 않고 끊임없이 움직인다.
• 음과 양은 때와 장소와 쓰임새에 따라 변한다.
• 음과 양은 보이는 곳이나 보이지 않는 곳에서도 존재한다.

세상을 읽는 언어, 음(陰)과 양(陽)

　사원의 이치를 음(陰)과 양(陽)으로 나누어 바라보면, 세상은 놀라울 만큼 질서 정연하게 그 틀 안에서 움직이고 있음을 알 수 있다.

　밝은 낮에 세상을 비추는 태양은 양이요, 어두운 밤하늘을 물들이는 달과 별은 음이다. 하늘이 양이라면 땅은 음이며, 남자가 양이라면 여자는 음이다. 불은 양의 성질을 띠고, 물은 음의 성질을 지닌다.

　시작이 양이라면 끝은 음이며, 가볍다는 것이 양이라면, 무겁다는 것은 음이다. 움직이는 것이 양이라면 움직이지 않는 것은 음이고, 밖으로 향하는 것이 양이라면 안으로 모이는 것은 음이다. 위로 향하는 것이 양이라면, 아래로 향하는 것은 음이고, 앞으로 나아감이 양이라면 뒤로 물러남은 음이다.

　따뜻함과 뜨거움이 양이라면, 차가움은 음이고, 건조함이 양이라면 습함은 음이다. 밝음이 양이라면 어둠은 음이다.

　시간 또한 예외가 아니다. 1년 12달 가운데 반은 양이고 반은 음이며, 하루 24시간 가운데 절반은 양이고 절반은 음이다. 봄과 여름이 양이라면, 가을과 겨울은 음이다.

이처럼 자연과 우주를 이루는 모든 기운은 음과 양으로 구분할 수 있다. 그러나 중요한 것은 앞서 말했듯 음과 양이 서로 대립하여 분리되는 개념이 아니라, 서로가 서로의 존재 이유가 되며 함께 공존한다는 것이다.

노자의 『도덕경』에 나오는 '유무상생(有無相生)'이라는 말은 이를 잘 보여준다. "있음(有)과 없음(無)은 서로를 낳고 살게 한다"는 구절에서 보듯, 노자는 유(有)와 무(無)가 서로 상대의 존재 근거가 되면서 함께 살아간다고 보았다. 세상 모든 것이 반대되는 것과의 관계 속에서 비로소 존재한다는 이 사유는 곧 음양의 이치를 말한다.

약 2,000년 전 중국의 전국시대에 쓰여진 동양 의학의 고전『황제내경(黃帝內經)』역시, 우주와 인체의 조화를 설명하는 핵심 원리로 음양오행을 다루고 있다. 『내경』은 음과 양을 '생명의 근원'이라 말하며, 인간은 하늘의 음양과 서로 대응하는 존재라고 보았다. 자연계의 생명 역시 천지의 음양이 끊임없이 운동하고 변화하는 과정에서 조화를 이루며 태어난다고 설명한다.

이는 육체적인 생명뿐 아니라, 정신의 영역에도 그대로 적용된다. 음기가 고르고 양기가 잘 간직되어야 정신이 온전해지고, 음양의 균형이 깨어지면 마음 역시 불안정해진다고 보았다. 결국 우주와 인간, 자연과 생명은 모두 음양의 조화 속에서 존재하고 성장하는 것이다.

일상의 삶에 스며든 음양의 원리

어릴 적 수업 시간에 '좌청룡 우백호(左青龍 右白虎)'라는 말을 외웠던 기억이 난다. 가만히 생각해보면, 오른손잡이가 훨씬 많은 오늘날의 시각에서 오히려 '우백호 좌청룡'이라는 표현이 더 자연스러울 법도 하다. 그런데 왜 예로부터 '좌청룡 우백호'라고 불려 온 것일까?

비슷한 맥락에서, 절을 할 때 여자는 왜 오른손이 위로, 왼손이 아래로 가도록 손을 모으는 것이 예의라고 배웠을까? 고인에게 절은 왜 한 번이 아닌 두 번을 하는 것일까?

이 모든 질문의 답은 결국 음양오행의 이치가 얼마나 깊숙이 우리의 삶 속에 스며 있는지를 보여준다. '좌청룡'의 좌(左)는 왼쪽, 즉 왼손을 뜻하며 이는 양(陽)을 의미한다. 방위로는 동쪽에 해당하며, 동쪽은 오행으로 목(木)의 기운으로 청색을 상징한다. 반대로 '우백호'의 우(右)는 오른쪽, 즉 오른손으로 음(陰)을 의미한다. 방위로는 서쪽을 향하는데, 서쪽은 금(金)의 기운으로 금은 흰색, 즉 백색을 상징하니 '우백호'와 자연스럽게 짝을 이룬다.

한편 '생명이 있는 존재'와 '홀수'는 모두 양에 속하므로, 살아 있는 부모님께는 한 번 절을 올리는 것이 예의다. 반대로 '죽은 존재'와 '짝수'는 음의 속성을 지니므로, 고인에게는 두 번 절을 올리는 것이다.

공수(拱手)의 예법도 마찬가지다. 여자는 음이므로 음을 상징하는 오른손을 위로 올리고, 남자는 양이므로 양을 상징하는 왼손이 위로 보이는 것이 예의다. 이처럼 겉으로 보기엔 단지 관습처럼 보이는 표현과 예법도 그 안을 들여다보면, 음양의 질서가 일상에 고스란히 배어 있음을 알 수 있다.

음양의 구분은 오행(五行)에서도 드러난다. 목(木)과 화(火)는 발산하고 확장하는 양의 기운이며, 금(金)과 수(水)는 응축하고 수렴하는 음의 기운이다. 토(土)는 중간에서 양과 음을 이어주는 포용과 연결의 기운이다.

자연에서도 이를 쉽게 찾아볼 수 있다. 흐르고 움직이는 바다는 양이며, 고요히 솟아있는 산은 음이다. 무속인들이 신기를 받기 위해 산속으로 들어가는 것도, 곧 음의 기운을 얻기 위함이다.

숫자에서도 음양은 드러난다. 홀수는 양이며, 짝수는 음이다. 주민등록번호 뒷자리에서 남자는 '1'로, 여자는 '2'로 표기하는 것 역시 행정적 구분이라는 현실적 이유가 크지만, 상징의 차원에서는 남자를 양, 여자를 음으로 구분해 온 전통적 인식과도 맞닿아 있다고 해석할 수 있다.

이렇듯 하늘과 땅, 자연과 인간 사이를 흐르는 보이지 않는 질서의 근간에는 언제나 음(陰)과 양(陽)이 있다. 이 음양의 이치를 제대로 이해하게 된다면, 우리가 인생에서 중요한 갈림길을 대면하게 될 때 후회 없는 선택을 내릴 수 있다.

자연의 이치가 그러하듯 사주팔자 또한 마찬가지다. 음양의 균형이 무너져 한쪽으로 치우치면, 운세의 흐름이나 성격 · 심리 측면에서 원하는 삶의 방향으로 나아가기 어려울 수 있다. 결국 명리학 공부란 음(陰)과 양(陽)의 조화와 균형을 회복하여, 삶을 긍정적인 방향으로 이끄는 지혜를 얻는 일이다.

이 책의 후반부, PART 4에서는 이에 대한 구체적인 개운(開運) 방법을 살펴볼 것이다. 그 전에, 아래의 표로 정리한 음과 양의 핵심 속성을 마음에 새겨두기 바란다. 이 표는 앞으로 나아갈 개운의 여정에서 중요한 나침반이 되어 줄 것이다.

· 음양의 핵심 속성 ·

구분	음(陰)	양(陽)
성질	어둠 · 수렴 · 내향적(內)	밝음 · 확장 · 외향적(外)
운동성	아래(下) · 뒤(後) · 고요	위(上) · 앞(前) · 움직임
숫자	짝수	홀수
방향	우(右, 오른손)	좌(左, 왼손)
오행	금(金) · 수(水)	목(木) · 화(火)
방위	서(西) · 북(北)	동(東) · 남(南)
시간	밤 / 가을 · 겨울	낮 / 봄 · 여름
자연	달 / 물 / 산	태양 / 불 / 바다

명리학의 핵심,
오행(五行)의 의미

세상을 움직이는 다섯 가지 힘, 오행(五行)

음양오행(陰陽五行) 사상은 중국 고대 『역경』의 문화보다도 더 오랜 뿌리를 가진 것으로 알려져 있다. 여기서 '행(行)'은 단순히 걸어 다닌다는 '길'의 의미가 아니다. 『역경』은 이를 우주 안의 모든 물질이 서로 영향을 주고받으며, 끊임없이 운동하는 작용으로 해석한다. 다시 말해, 오행(五行)이란 세상의 만물이 정지해 있는 것이 아니라, 서로 관계를 맺고 변화하며 생명을 이어가는 움직임의 원리라 보았다.

사주팔자를 이루는 오행은 '목(木)·화(火)·토(土)·금(金)·수(水)'의 5가지 기운으로 구성된다. 각각은 단순한 자연의 요소가 아니라, 세상을 움직이는 5가지의 특정한 고유의 의미와 속성을 지닌다. 『역경』에서 목(木)은 생장과 발육의 생명 작용과 근원으로, 화(火)는 열과 에너지의 작용으로 본다. 토(土)는 모든 것을 품고 지탱하는 지구 그 자체이며, 금(金)은 단단하고 응고된 성질을, 수(水)는 끊임없이 흐르고 순환하는 유동성을 의미한다.[1]

앞에서 살펴본 『적천수』는 사주팔자를 구성하는 4개의 기둥, 즉 연주(年柱), 월주(月柱), 일주(日柱), 시주(時柱)와 이들을 이루는 천간(天干)과 지지(地支)의 관계를 해석하는 원리를 다루고 있다. 그 가운데에서도 특히 일주(日柱), 즉 태어난 날을 나타내는 기둥인 일주는 곧 '나 자신'을 의미한다. 특히 일주의 천간(天干)을 가리켜 '일간(日干)'이라 부르는데, 일간의 오행은 '나 자신'을 설명해주는 기운이다.

일간의 오행은 단순한 자연의 5가지 기운이 아니라, 내 존재의 본

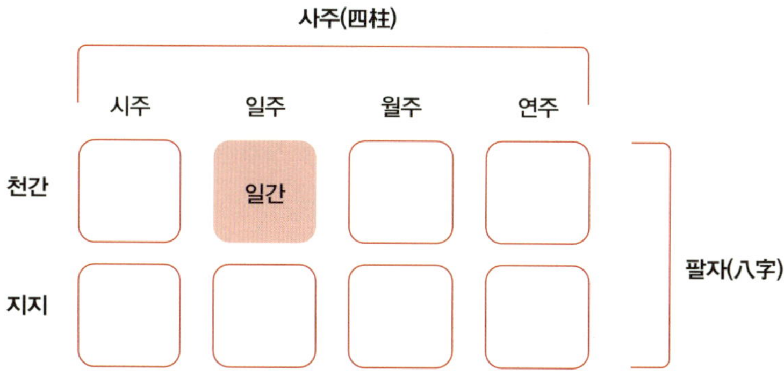

---

1   출처 : 남회근, 「역경잡설」, 신원봉 옮김, 부키, 2013, 84쪽.

질과 기질, 성향을 드러내는 핵심 글자다. 따라서 자신의 사주팔자에서 일간이 어떤 오행으로 이루어져 있고, 그 오행의 글자가 지닌 특성이 무엇인지를 깊이 이해하는 것은, 곧 자기 자신을 이해하는 첫걸음이라 할 수 있다. 따라서 명리학 공부의 시작은 바로 이 일간의 속성을 깨닫는 데서 출발한다.

나를 읽는 첫걸음, 사주팔자 여덟 글자를 찾다

그렇다면 자연스레 한 가지 질문이 떠오를 것이다.

"일간(日干), 더 나아가 사주팔자 여덟 글자는 도대체 어떻게 알 수 있을까?"

명리학 공부를 처음 시작했을 때만 해도, 나 역시 두꺼운 『만세력』 책을 펼쳐 놓고 출생 연도와 태어난 월·일·시에 해당하는 여덟 글자를 찾아내는 연습을 수없이 반복했다. 한 기둥씩 천간과 지지의 글자를 찾아내는 과정이 때로는 어렵고 번거롭게 느껴지기도 했지만, 지금 돌이켜보면 그 시간들이 명리학의 기초를 다져 준 소중한 공부가 되었다.

하지만 오늘날에는 누구나 쉽게 자신의 사주팔자를 확인할 수 있다. 스마트폰만 있으면 '만세력 천을귀인'이나 '하늘도마뱀 만세력' 같은 앱(app)을 통해 손쉽게 내 사주의 여덟 글자를 확인할 수 있는 시대다.

따라서 이 책에서는 복잡한 만세력 표의 구조나 여덟 글자를 계산하는 전통적인 방법에 대한 자세한 설명은 다루지 않으려 한다. 사주팔자 여덟 글자를 찾는 이론부터 일일이 설명하다 보면 이 책의 본래 집필 의도에서 벗어나 지나치게 기술적인 영역으로 흐를 수 있기 때문이다.

대신 독자 여러분께 한 가지를 꼭 권하고 싶다. 책을 계속 읽기 전에 먼저 만세력 앱을 통해 자신의 사주팔자 여덟 글자를 찾아보고, 특히 그중 일간(日干)이 무슨 글자인지 확인해 보길 바란다. 앞으로 살펴볼 이론과 내용을 자신의 사주에 대응해가며 읽는다면, 명리학이 훨씬 재밌고 현실적으로 다가올 것이다.

이제부터 살펴볼 오행별 특성은 단순한 이론의 나열이 아니다. 그것은 자연의 질서와 생명의 원리를 이해하기 위한 깊은 사유이며, 우리가 어떤 기운과 성질을 타고났는지를 들여다볼 수 있는 중요한 열쇠다. 특히 자신의 일간이 어떤 오행인지, 또 어떤 오행이 두드러지거나 부족한지를 살펴보는 일은, 곧 자기 자신을 보다 깊이 이해하는 데 도움이 된다.

각각의 오행이 가지는 독특한 의미를 음미하며 읽어 내려간다면, 이 책이 말하는 명운(命運)의 '길'이 단순한 추상적 개념이 아니라, 내 삶을 이해하고 이끌어 주는 실질적인 안내서로 다가올 것이다.

목·화·토·금·수, 다섯 기운이 말해주는 본성

목(木) — 생명과 성장의 기운

목(木)은 다섯 기운 가운데 생명력과 성장, 창조를 상징하는 기운이다. 봄에 싹을 틔우고 줄기를 뻗어 나무가 하늘로 치솟듯, 목의 기운은 끊임없이 위로 자라나고 확장하려는 힘을 지녔다. 다섯 개의 오행 중에 가장 '살아 있는' 느낌이 강한 것도 목(木)이다.

사주팔자의 일간이 목(木)이거나 여덟 글자 중 목의 기운이 강한 사람은, 나무가 하늘을 향해 뻗어나가듯 앞으로 나아가려는 의지와 곧은 성품을 지닌 경우가 많다. 또한 만물을 자라게 하는 나무의 성질처럼, 세상과 조화를 이루고 사람들과 자연스럽게 어울리는 친화력과 사회성이 뛰어나다. 늘 더 나은 성장을 추구하며, 새로운 것을 배우고 발전하려는 욕구 또한 강한 편이다.

색으로 보면 목(木)은 '청색'이며, 숫자로는 '3'과 '8'이다. 이때 홀수 '3'은 양(陽)의 목의 기운을, 짝수 '8'은 음(陰)의 목의 기운을 상징한다. 계절로는 '봄'에 해당하고, 방위로는 '동쪽'을 의미한다.

천간의 10개 글자 중 목이 가장 먼저 시작하는 것은 우연이 아니다. 목은 '시작'과 '생명 탄생'의 기운을 품고 있다. 우리가 젊은 시절을 청춘(靑春)이라 부르는 것도 봄의 색인 청색, 곧 목의 생명력이 넘치는 때를 비유한 표현이다.

유교의 핵심 덕목으로 보면, 목(木)은 '인(仁)'에 해당한다. 인(仁)은 만물을 자라게 하는 생명의 힘이며, 목이 가진 자애와 성장의 성질과 맞닿아 있다.

동양 의학에서도 목(木)은 중요한 의미를 지닌다. 『황제내경』은 인체의 여러 장기를 오행에 대응시키면서 설명하는데, 그중 목은 '간(肝)'에 해당한다. 동방의 청색이 간과 통하고, 봄철에는 양기가 상승하면서 목의 기운이 '머리' 쪽으로 향한다고 보았다.[2] 오미(五味) 가운데는 '신맛'이 목에 속하는 맛이다.

화(火) — 열정과 발산의 기운

화(火)는 다섯 기운 가운데 열정과 에너지, 발산의 힘을 상징한다. 여름철의 뜨거운 햇살이 만물을 무성하게 자라게 하듯, 화의 기운은 세상을 밝히고 드러내는 힘으로 작용한다.

사주에서 화(火)의 기운이 강하거나 일간이 화인 사람은, 활발하고 열정적이며 자신감이 넘치는 성향을 보인다. 변화를 두려워하지 않고, 새로운 일에 적극적으로 도전하며 자신의 에너지를 밖으로 드러내는 데 주저함이 없다. 이러한 사람들은 주변을 따뜻하게 비추는 태양처럼 주변에 활력을 주고 분위기를 이끄는 역할을 하는 경우가 많다.

화(火)의 기운을 색으로 표현하면 '적색'이며, 숫자로는 '7'과 '2'가 화를 상징한다. 이때 7은 양(陽)의 화의 기운, 2는 음(陰)의 화의 기운을 의미한다. 계절로는 '여름'에 해당하고, 방위로는 '남쪽'을 나타낸다.

2　출처 : 김기욱, 「뜻으로 푼 황제내경 소문 · 영추」, 법인문화사, 2014, 48–49쪽.

유교의 핵심 덕목 가운데 화(火)는 '예(禮)'를 의미한다. 예(禮)는 질서를 세우고 관계를 조화롭게 만드는 힘으로, 화의 기운이 가진 밝음과 조화의 성질과 통한다.

『황제내경』에서는 화(火)를 인체의 장기 가운데 '심장'과 통한다고 보았다. 오미(五味)로는 '쓴맛'에 해당하며, 여름철 강하게 발산하는 화의 성질이 몸속의 열과 순환을 이끄는 핵심으로 작용한다고 설명한다.

토(土) ─ 안정과 포용의 기운

토(土)는 다섯 기운 가운데 안정과 균형, 포용과 조화를 상징하는 기운이다. 대지가 만물을 품어내듯, 토의 기운은 모든 것을 받아들이고 감싸 안으며, 서로를 연결하고 중재하는 역할을 한다. 계절로는 봄 · 여름 · 가을 · 겨울을 이어주는 '환절기'를 의미하고, 방위로는 '중앙'을 가리킨다.

63페이지에서 배우게 될 12개 지지(地支) 가운데 '진(辰) · 술(戌) · 축(丑) · 미(未)'가 모두 토(土)의 기운에 속하는 것도 이 때문이다. 실제로 하늘과 땅 사이 인간이 각 계절의 계절감을 가장 강하게 체감하는 시기 역시 바로 이 토의 시간대다. 이는 토가 다른 기운을 매개하고 변화의 경계를 이어주는 중심축의 역할을 하고 있음을 보여준다.

사주에서 토(土)의 기운이 강하거나 일간이 토인 사람은, 신뢰할 수 있고 안정감 있는 성향을 지니는 경우가 많다. 갈등 상황에서 조율자 · 중재자 역할을 잘 수행하고, 주변을 든든하게 받쳐주는 역할을 맡는 경우도 많다. 토의 기운은 한곳에 머무르며 모든 것을 품는 힘이기에, 사람과 사람을 이어주고 관계를 조화롭게 만드는 데 능하다.

토(土)의 기운을 색으로 나타내면 '황색'이며, 숫자로는 '5'와 '0'이 대응된다. 이때 5는 양(陽)의 토의 기운을, 0은 음(陰)의 토의 기운을 상징한다.

유교의 핵심 덕목 가운데 토(土)는 '신(信)'을 의미한다. 신(信)은 믿음과 성실, 그리고 관계를 이어주는 힘으로, 토의 포용과 조화의 성질과 맞닿아 있다.

『황제내경』에서는 토(土)를 인체의 장기 가운데 '비(脾)'와 통한다고 보았다. 이는 서양 의학에서 말하는 '위(胃)'와 긴밀하게 연결된 하나의 기능 체계다. 오미(五味)로는 '단맛'에 해당하며, 몸속에서 영양을 소화하고 흡수하며 중심을 잡는 역할을 한다고 설명한다.

금(金) — 결단과 수렴의 기운

금(金)은 다섯 기운 가운데 결단력과 규율, 수렴과 응고의 힘을 상징한다. 가을이 만물을 거두어들이듯, 금의 기운은 사방으로 뻗었던 에너지를 응축하고 수축하여 완결로 이끄는 역할을 한다.

계절로는 '가을'에 해당하고, 방위로는 '서쪽'을 나타낸다. 중국은 명나라 시기부터 광산을 채굴했는데 서방(西方), 즉 서쪽으로 갈수록 금이 많이 매장되어 있다는 당시의 풍문 역시 금의 기운과 맞닿아 있다. 『역경』에서도 견고하거나 응고된 것은 모두 금(金)이라 보았듯, 금은 단단함과 명확함, 변치 않는 본질을 상징한다.

사주에서 금(金)의 기운이 강하거나 일간이 금인 사람은, 쇠처럼 단단하고 냉철한 기질을 지닌 경우가 많다. 명확한 판단력과 결단력을 바탕으로 스스로를 엄격히 다스리고, 절제와 규율을 중시하는 성향을 보인다. 또한 가을철의 수확과 같이 단호한 성향으로, 중심을 잃지 않고 정확한 판단을 내리는 힘이 있다.

금(金)의 기운을 색으로 나타내면 '백색'이며, 숫자로는 '9'와 '4'가 대응된다. 이때 9는 양(陽)의 금의 기운을, 4는 음(陰)의 금의 기운을 상징한다.

유교의 덕목 가운데 금(金)은 '의(義)'를 의미한다. 의(義)는 옳고 그름을 분별하고 원칙을 지키는 힘으로, 금의 단호함과 절제의 성질과 맞닿아 있다.

『황제내경』에서는 금(金)을 인체의 장기 가운데 '폐(肺)'와 통한다고 보았다. 오미(五味) 가운데 금은 '매운맛'에 해당하며, 금의 기운이 폐의 기운을 돋우고 순환을 원활하게 해주는 역할을 한다고 설명한다.

수(水) — 지혜와 유연성의 기운

수(水)는 다섯 기운 가운데 지혜와 유연성, 깊이와 침착함을 상징하는 기운이다. 맑은 물이 세상을 깨끗이 씻어내듯, 수의 기운은 모든 것을 정화하고 생명을 잉태하는 근원이다. 계절로는 '겨울'에 해당하며, 방위로는 '북쪽'을 나타낸다.

노자는 '세상에서 가장 부드러운 것이 물'이라 말하며, 그 부드러움 속에 세상을 이기는 강함이 있다고 했다. 손자 또한 『손자병법』에서 "전술은 물과 같다"고 말했다. 물이 높은 곳을 피하고 낮은 곳으로 흘러가며 땅의 형세에 따라 흐름을 바꾸듯, 전술 또한 상황에 따라 유연하게 달라져야 승리할 수 있다는 뜻이다. 이처럼 그릇에 따라 자유로이 변화하듯, 물은 형태가 정해져 있지 않고 어디든 흐르고 스며들며 침투할 수 있는 성질을 지닌다.

사주에서 수(水)의 기운이 깅하거나 일간이 수인 사람은, 이러한 물의 성질처럼 지혜롭고 유연하게 대처하며, 상황에 따라 변화에 잘 적응하는 능력이 있다. 또한 깊은 사고와 성찰을 중시하고, 겨울날 물의 고요함처럼 침착하고 내성적인 기질을 지니는 경우가 많다.

수(水)의 기운을 색으로 표현하면 '흑색'이며, 숫자로는 '1'과 '6'이 대응된다. 이때 1은 양(陽)의 수의 기운을, 6은 음(陰)의 수의 기운을 상징한다.

유교의 덕목 가운데 수(水)는 '지(智)', 즉 지혜를 의미한다. 지(智)는 깊은 사고와 통찰을 통해 사물을 꿰뚫어보는 힘이며, 수의 성질인 유연함과 적응력, 그리고 깊이와 맞닿아 있다.

『황제내경』에서는 수(水)를 인체의 장기 가운데 '신장(腎臟)'과 통한다고 보았다. 오미(五味)로는 '짠맛'에 해당하며, 수의 기운이 몸속의 정(精)을 저장하고 생명의 근원을 유지하는 역할을 한다고 설명한다.

각 오행별로 살펴본 기운의 기본적인 특성을 한눈에 이해할 수 있도록 아래와 같이 요약표로 정리해보았다. "결국 명리학은 음양오행으로 귀결되더라"라는 백송 선생님의 말씀처럼, 나 또한 공부가 깊어질수록 다시금 기본으로 돌아와 오행 하나하나의 의미를 더욱 깊이 들여다보게 된다.

궁극적으로 명리학 공부를 통해 사주팔자를 읽고 자신의 명(命) 구조를 이해하게 된다면, 그다음 단계는 분명하다. 바로 나에게 부족한 오행의 기운을 채우고, 과한 기운을 다스리며 조화와 균형을 이루는 법, 즉 개운(開運)의 길을 찾아가는 것이다.

앞서 살펴본 음양의 속성과 아래에 정리한 오행의 핵심 속성 표는 앞으로 사주를 해석하고 개운의 방향을 찾는 길에서 여러 번 음미하고 되새기게 될 명리학의 나침반이 되어 줄 것이다.

· 오행의 핵심 속성 ·

	목(木)	화(火)	토(土)	금(金)	수(水)
계절	봄	여름	환절기	가을	겨울
방위	동쪽	남쪽	중앙	서쪽	북쪽
숫자	3, 8	7, 2	5, 0	9, 4	1, 6
색상	청색	적색	황색	백색	흑색
유교	인(仁)	예(禮)	신(信)	의(義)	지(智)
건강	간	심장	위(비장)	폐	신장
맛	신맛	쓴맛	단맛	매운맛	짠맛

오행의 조화,
상생(相生)과 상극(相剋)의 원리

오행의 순환, 상생(相生)의 원리

사주를 해석하기 위해 반드시 이해해야 할 핵심 이론 가운데 하나가 바로 오행, 즉 목·화·토·금·수의 상생(相生)과 상극(相剋) 관계이다. 그중에서도 상생(相生)이란 서로를 살린다는 뜻으로, 여기서 생(生)은 단순히 '낳는다'는 의미를 넘어 '돕고, 보호하며, 힘을 북돋우는 작용'을 뜻한다. 즉, 상생은 서로가 서로를 도우며 공존하고 공생하는 관계, 더불어 살아가는 생명의 순환 원리를 말한다.

만물이 끊임없이 이어지고 변화하듯, 오행(五行) 역시 쉼 없이 순환한다. 『음부경(陰符經)』에는 "은혜는 해로움에서 생기고, 해로움은 은 혜에서 생긴다(恩生於害, 害生於恩)"라는 구절이 있다. 이는 곧 오행의 상생과 상극의 원리로, 서로를 낳고 억누르며 조화를 이루는 것과 같다는 뜻이다.

또한 "사람을 생(生)하게 하는 자가, 또한 사람을 극(剋)하는 자이기도 하다(人之生者 亦人之剋者)"라는 말처럼, 세상의 이치는 선과 악, 복과 화가 서로 맞물려 돌고 도는 것임을 보여준다. 우리가 흔히 말하는 전화위복(轉禍爲福) 역시 이 원리를 잘 설명한다. 좋은 일이 나쁜 결과를 낳기도 하고, 불행이 오히려 복이 되는 것도 모두 이러한 오행의 순환 이치와 맞닿아 있다.

· 오행의 상생과 상극 ·

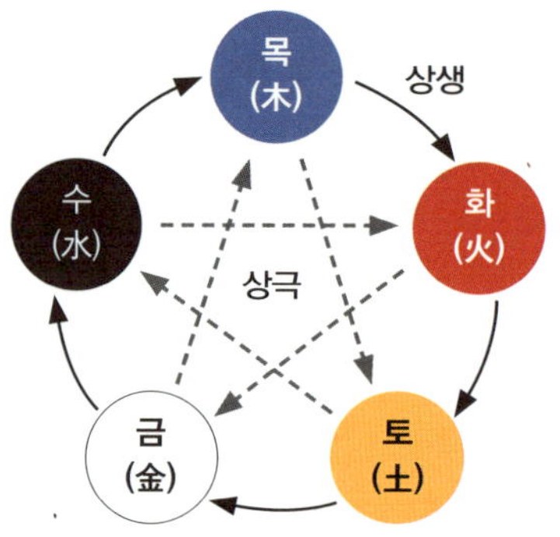

오행의 상생 관계는 다음과 같이 이어진다.

'목(木)'은 '화(火)'를 생(生)하고, '화(火)'는 '토(土)'를 생(生)한다. 또한 '토(土)'는 '금(金)'을 생(生)하고, '금(金)'은 '수(水)'를 생(生)하며, '수

(水)'는 다시 '목(木)'을 생(生)한다. 이처럼 다섯 기운은 서로에게 힘을 실어주며 끊임없이 순환한다.

자연이 보여주는 상생(相生)의 질서

오행의 상생 관계를 자연의 모습으로 비유해보면 더욱 이해가 쉽나. 마른 나무를 비벼 불을 일으니 '목생화(木生火)'요, 불이 다고 남은 재가 흙이 되니 '화생토(火生土)'이며, 흙이 굳어져 광물이 되니 '토생금(土生金)'이다. 다시 광물에서 물이 생겨나니 '금생수(金生水)'요, 물이 나무를 자라게 하니 '수생목(水生木)'이다. 이렇듯 상생은 서로가 서로의 원인이자 결과가 되며, 생명의 흐름과 조화의 순환을 이루는 근본 원리다.

흥미로운 점은 이러한 설명이 단지 은유에 그치지 않고, 지구과학이나 지질학의 관점에서도 유사한 원리로 해석해 볼 수 있다는 사실이다. 예를 들어, 불과 같은 마그마가 식으면서 화산재가 쌓이고 오랜 풍화작용을 통해 비옥한 토양으로 바뀌게 되니, 이는 곧 '화생토(火生土)'다. 이렇게 형성된 토양이 오랜 시간 단단히 굳어지면, 금속 성분이 침전되어 사금(砂金)과 같은 금속 광물이 생기니, 이는 곧 '토생금(土生金)'이다.

또한 이러한 광물에서 결합된 결정수가 분해되면서 물이 생성되는 현상은 '금생수(金生水)'의 자연적 증거라 할 수 있다. 실제로 지구과학 학계에는 지구의 물이 외계 우주에서 떨어진 운석 속 광물에서 기원했다는 이론도 제시된다. 이는 고대 명리학에서 말한 "금(金)이 물(水)을 낳는다"는 원리가 과학적으로 설명될 수 있음을 보여준다.

중국의 고전 교육서 『천자문(千字文)』에도 '금생려수(金生麗水)'라는 구절이 등장한다. 이는 "금이 매장된 곳은 반드시 비가 많이 내리는 지역이다"라는 뜻으로, 곧 '수(水)는 금(金)의 아들'이라는 사상을 전한다. 즉, '금생수'의 관계는 자연과 문헌 속에서 일관되게 나타나는 우주의 질서인 것이다.

과학적으로도 나무는 물 없이는 살 수 없고, 물은 나무에 생명을 부여한다. 이는 곧 '수생목(水生木)'의 원리를 보여준다. 또한 탄소 덩어리인 나무는 숯이나 석탄처럼 연료가 되어 불을 만들어내니, 이는 '목생화(木生火)'의 이치와 맞닿는다.

결국 동양 명리학의 이론이 이렇듯 서양 과학의 언어로도 설명될 수 있는 이유는, 이 모든 원리가 우주와 자연의 동일한 질서에서 비롯되었기 때문이다. 상생(相生)은 단지 철학적 개념이 아니라, 자연이 우리 눈앞에서 반복적으로 증명하고 있는 보편적 법칙인 것이다.

변화의 힘, 상극(相剋)의 원리

만물이 생성되는 과정은 먼저 서로를 살리는 '생(生)'에서 시작해, 이어서 서로를 제어하는 '극(剋)'으로 나아가며 완성된다. '상극(相剋)'이란 말 그대로 서로를 누르고 제어하는 관계이지만, 이를 마치 강자와 약자 사이의 관계처럼 단순히 부정적이고 파괴적인 의미로만 이해해서는 안 된다. 오히려 상극은 균형을 잡고 새로운 변화를 일으키는 창조의 힘으로 작용한다.

지구과학적 관점에서도, 우주의 균형 있는 발전과 순환을 위해서는 충돌과 진동이라는 과정이 필요하다. 벼락과 같은 거대한 에너지의 진동은 대기 중의 불균형을 해소하고, 오염물질을 제거하여 식물의 성장을 돕는다. 이처럼 상생(相生)이 서로에게 힘을 실어주며 공존을 가능하게 한다면, 상극(相剋)은 변화를 이끌고 새로운 발전과 시작을 가능하게 하는 원동력이다.

오행의 상극 관계는 [46쪽 그림]에서 보듯, 다음과 같이 서로를 제어하며 순환하는 구조를 가진다.

'목(木)'은 '토(土)'를 극하고, '화(火)'는 '금(金)'을 극하며 '토(土)'는 수(水)를 극한다. 또한 '금(金)'은 '목(木)'을 극하고 '수(水)'는 다시 '화(火)'를 극하며 오행의 기운이 흐른다.

자연의 현상으로도 이를 쉽게 이해할 수 있다. 나무가 흙을 뚫고 뿌리를 내리니 '목극토(木剋土)'이며, 불이 쇠를 녹이니 '화극금(火剋金)'이다. 흙이 둑을 쌓아 물을 막으니 '토극수(土剋水)'요, 쇠붙이(도끼)가 나무를 베어내니 '금극목(金剋木)'이다. 마지막으로 물이 불을 꺼뜨리니 '수극화(水剋火)'의 원리가 된다.

상극은 음양(陰陽)의 조합에 따라 그 강도와 성격이 달라진다. 음과 양이 같은 경우에는 서로 밀어내는 성질이 강해 상극의 힘이 크게 나타나지만, 음과 양이 서로 다른 경우에는 마치 이성에게 더 관대해지듯, 극하는 힘이 완화되고 부드럽고 조화롭게 나타나기도 한다. 이러한 원리는 인간관계에서도 그대로 드러난다. 성향이 다른 이성에게 더 쉽게 끌리는 것처럼, 서로 다른 성질이 만나야 새로운 긴장과 변화가 만들어지는 것이다.

결국 상생과 상극은 서로 대립하는 개념이 아니라, 오히려 하나의 순환 속에서 서로를 낳고 성장시키는 두 축이다. 상생이 생명을 이어가게 하는 힘이라면, 상극은 새로운 변화를 일으키고 성장을 자극하는 힘이다. 이 두 가지가 조화를 이룰 때 비로소 우주의 질서와 인간의 삶은 보다 완전한 균형에 가까워질 것이다.

하늘의 기운, 천간(天干)의 성향과 특성

천간(天干)과 지지(地支), 우주의 흐름을 읽는 또 하나의 지도

명리학은 음양오행의 법칙과 더불어 '십간 십이지(十干 十二支)', 즉 간지(干支)를 벗어나서는 통변을 할 수 없는 학문이다. 음양오행이 세상의 기운과 이치를 읽는 원리라면, 간지는 그것이 시간과 공간 속에서 구체화된 언어라 할 수 있다. 이제 명리학에서 가장 기초적이면서 핵심이 되는 간지론(干支論)을 살펴보자. 음양오행과 마찬가지로 자연의 이치와 모습을 떠올리며 이해하다 보면 훨씬 쉽게 다가갈 수 있다.

'간지(干支)'란 말은 천간(天干)과 지지(地支)를 아울러 부르는 말이다. 간지는 하늘을 뜻하는 천간의 열 개 글자, 즉 십간(十干)과 땅을 뜻하는 지지의 열두 개 글자, 즉 십이지(十二支)로 구성된다. 천간이 하늘의 기운으로 양(陽)의 기운을 품고 있다면, 지지는 땅의 기운으로 음(陰)의 기운을 가진다.

인간이 하늘과 땅, 즉 천지(天地)의 중간에 존재한다는 관점에서 보면, '천간'은 하늘에서 주어진 명(命)의 '결과'를 의미하고, '지지'는 그것을 이루기까지의 '과정'이라 할 수 있다.

'천간(天干)'이라는 말은 중국 한대(漢代) 이후에 쓰이기 시작했으며, 본래는 '천간(天幹)'이라 표기되었다. 천간이 태양계에서 지구와 그를 둘러싼 다른 행성들이 서로 영향을 주고 받으며 간섭하는 관계를 보여준다면, 지지는 지구를 지탱하고 받쳐주는 땅의 에너지라 이해할 수 있다.

천간은 다음과 같이 다섯 오행의 기운으로 구성된다.

- 목(木)의 기운 : 갑(甲), 을(乙)
- 화(火)의 기운 : 병(丙), 정(丁)
- 토(土)의 기운 : 무(戊), 기(己)
- 금(金)의 기운 : 경(庚), 신(辛)
- 수(水)의 기운 : 임(壬), 계(癸)

각각의 천간은 음양오행과 마찬가지로 고유한 특성과 속성을 지니며, 이를 통해 개인의 성격과 심리, 행동 방식, 나아가 인생의 방향까지도 세밀하게 읽을 수 있다.

예를 들어, 이 가운데 '갑(甲)·병(丙)·무(戊)·경(庚)·임(壬)'은 양의 성향을 가진 양간(陽干)으로, 의사 표현이 명확하고 직선적인 성향을 보인다. 반면 '을(乙)·정(丁)·기(己)·신(辛)·계(癸)'는 음의 성향을 지닌 음간(陰干)으로, 자신의 생각을 마음 속에 숨기며 적극적으로 드러내지 않는 성향을 지닌다.

천간 문화는 『주역』보다도 오래된 뿌리를 가지고 있다. 갑골문자(甲骨文字)에서도 그 흔적을 찾을 수 있을 만큼 그 기원이 싶으며, 중국 고대에서는 이미 천체의 움직임과 자연의 변화, 물질의 운동을 이해하는 도구로서 천간과 지지를 사용해왔다. 오행의 상생과 상극의 원리를 통해 이들의 관계를 설명하고자 한 것 또한 이러한 인식의 연장선에 놓여 있다.

열 개의 천간 - 일간(日干)을 이해하는 시간

이제 명리학에서 핵심이 되는 10개 천간(天干)의 각각의 속성과 특징을 살펴보자. 특히 사주에서 자신의 일간(日干)이 어떤 천간에 해당하는지를 아는 것은 매우 중요하다. 일간은 사주팔자 여덟 글자 가운데 '나 자신'을 상징하는 가장 핵심적인 글자이기 때문이다.

따라서 앞으로 살펴볼 각 천간별 특성과 의미를 가볍게 읽고 지나치지 말고, 깊이 있게 음미하며 자신과의 연결점을 찾아보길 바란다. 자신의 일간이 지닌 본질을 이해하는 일은, 곧 자신의 성격과 성향을 인지하는 길이며, 하늘과 땅 사이 이 거대한 우주에서 '나는 누구인가'를 탐구하는 중요한 출발점이 될 것이다.

갑목(甲木) — 곧게 뻗은 큰 나무, 성장과 우두머리의 기운

갑목(甲木)은 양의 기운을 가진 큰 나무를 상징한다. 수령이 오래된 나무로 사주의 여덟 글자 구조에 따라 죽은 나무인 사목(死木)이 될 수도, 생명력이 넘치는 살아 있는 생목(生木)이 될 수도 있다. 하늘에서는 '천둥번개'나 '우뢰'를 상징하고, 계절로는 을목(乙木)과 함께 '봄'에 해당해 따뜻한 기운과 생명력을 품고 있다.

갑목은 열 개의 천간 가운데 첫 번째에 해당하는 글자로, '머리'와 '우두머리'를 상징한다. 강한 의지와 성장력을 가지고 있는 '적극형'으로, 추진력과 통솔력이 강한 특성이 있다. 갑목은 마치 다 자란 재목과 같아서 기질이 높고 크기 때문에 쉽게 굽히거나 꺾이지 않는다.

스스로 길을 개척하고 결정하려고 하는 성향으로, 적극적이고 독립적이며 리더십이 뛰어나다. 그러나 그만큼 때로는 고집이 세고 자존심이 강해, 융통성이 부족해 보이거나 자기중심적으로 비칠 수 있다.

따라서 갑목(甲木)의 기운을 지닌 사람이라면, 강한 추진력은 살리되 자신을 낮추는 겸손함과 유연함을 기르는 자세를 갖추는 것이 더욱 큰 성장을 이루는 중요한 열쇠가 될 것이다.

을목(乙木) — 바람에도 꺾이지 않는 초목, 유연함 속의 강한 생명력

을목(乙木)은 음의 기운을 가진 작은 나무나 화초, 들꽃, 담쟁이로 상징되는 음목이다. 갑목과 달리 을목은 살아 있는 나무인 생목(生木)으로, 하늘에서는 '바람'을 상징한다.

뛰어난 생명력으로 꾸준히 은근하게 밀어붙이는 '추진형'으로, 한번 마음을 먹으면 포기하지 않는 강한 끈기와 인내심을 가지고 있다. 을목은 겉보기에는 연약하고 섬세해 보이지만, 밀어붙이는 추진력과 강한 생명력을 지닌 기운이다. 혹독한 추위와 거센 비바람 속에서도 꺾이지 않고 뿌리를 내리는 덩굴과 인동초(忍冬草)처럼, 어떤 역경이 닥쳐도 굳세게 버텨내며 끝내 피어나는 힘을 가지고 있다.

반면 을목은 유연하고 부드러운 성향을 지녀, 사람들과 잘 어울리며 변화하는 환경에도 능숙하게 적응한다. 이러한 성향 덕분에 높은 친화력과 조화력을 발휘하지만, 반대로 지나치게 조심스럽고 신중해 때로는 우유부단하거나 결단력이 부족하게 보일 수도 있다.

을목(乙木)의 기운을 지닌 사람이라면, 부드러움 속에 숨겨진 강인함을 자신감 있게 드러내고, 때로는 결단을 내릴 수 있는 힘을 기르는 것이 중요하다.

병화(丙火) — 태양처럼 타오르는 열정, 빛과 활기의 기운

병화(丙火)는 '양중지왕(陽中之王)', 즉 양의 기운을 지닌 가장 왕성한 불로, 자연의 큰 불과 빛을 상징한다. 하늘에서는 '태양'에 비유되며,

세상을 밝히는 정신과 문화의 기운을 품고 있다.

뜨거운 태양처럼 열정적이고 활기찬 성향을 지니며, 앞을 향해 나아가는 '맹렬형'이다. 자신감이 넘치고 저돌적인 추진력으로 목표를 향해 돌진하며, 밝고 긍정적인 에너지를 발산하는 외향적인 기질을 보인다. 또한 주변을 이끄는 카리스마 있는 리더십과 탁월한 언변과 화술을 지닌 경우가 많아 자연스럽게 사람들의 중심이 되기도 한다.

병화의 빛은 자신만을 비추는 것이 아니라, 주변을 따뜻하게 밝히며 모두를 성장으로 이끄는 힘을 가지고 있다. 그러나 지나친 자신감이 때로는 구설(口舌)을 불러올 수 있으므로, 언행에 주의를 기울일 필요가 있다.

병화(丙火)의 기운을 지닌 사람은, 성급하고 순간적으로 감정이 폭발하는 과격한 태도로 인해 감정 기복이 심하게 나타날 수 있으니 스스로를 다스리는 힘을 기르는 것이 중요하다.

정화(丁火) — 어둠을 밝히는 촛불, 따뜻한 배려의 기운

정화(丁火)는 음의 기운을 품은 작은 불로, 촛불이나 등대, 금속을 녹이는 용광로에 비유된다. 하늘에서는 밤하늘의 '별'을 상징하며, 계절로는 병화(丙火)와 함께 '여름'에 해당한다.

정화의 기운은 부드럽고 따뜻한 성향을 지니며, 마음이 여리고 배려심이 깊어 타인을 돕고 봉사하는 것을 즐기는 '봉사형'이라 할 수 있다. 사려 깊고 헌신적인 성품을 가진 반면, 마음이 약하고 귀가 얇은

편으로 거절을 잘 못하고 타인의 말에 쉽게 영향을 받기도 한다. 또한 강한 자존심과 집념을 지녀, 때로는 지나치게 감정에 치우치거나 외로움을 많이 느끼는 경향도 있다.

정화의 불빛은 작고 섬세하지만, 어둠 속에서 길을 밝혀주는 빛이다. 이처럼 정화(丁火)의 기운을 지닌 사람은, 자신의 따뜻함과 헌신을 세상에 펼칠 때 가장 큰 빛을 낸다. 다만 너무 깊고 많은 생각에 빠지거나 감정에 휘둘리지 않도록 스스로의 중심을 지키는 연습이 필요하다.

무토(戊土) — 넉넉한 대지, 중심을 지키는 포용의 기운

무토(戊土)는 양의 기운을 지닌 넓은 대지나 웅장하고 높은 산을 상징하며, 하늘에서는 '안개'에 비유된다. 크고 두터운 땅이 만물을 품어내듯, 무토는 포용력과 중용의 미덕을 지닌 기운이다. 묵묵히 자리를 지키며 중심을 잡으며 아량도 넓은 '뚝심형'이라 할 수 있다.

자신의 주관과 개성도 뚜렷한 반면, 갈등 상황에서 중재자 역할을 잘 수행하고 주변을 안정시키는 힘을 발휘한다. 책임감이 강하고 신뢰를 무엇보다 중요하게 여기며, 현실적이고 실용적인 사고를 지닌 것도 무토의 특징이다. 그러나 때로는 너무 말이 없거나 무뚝뚝해 고집이 세고 교만하다는 오해를 불러일으킬 수 있으며, 지나친 신중함 탓에 줏대가 없거나 답답한 태도를 보이기도 한다.

무토(戊土)의 기운을 지닌 사람이라면, 자신의 묵직한 성품을 장점으로 삼되, 변화에 대한 유연함과 이상과 현실 간의 균형을 받아들이는 자세를 기른다면 더욱 큰 신뢰와 영향력을 발휘할 수 있다.

기토(己土) — 촉촉한 전답, 부드럽고 섬세한 내면의 힘

기토(己土)는 음의 기운을 지닌 흙으로, 전답이나 과수원, 작은 땅을 상징하며, 하늘에 떠 있는 '구름'에 비유된다. 넓고 거대한 무토와 달리, 기토는 작지만 생명을 품어내는 습한 토(土)로 만물을 기르고 뿌리 내리게 하는 부드럽고 신중한 '인내형'이라 할 수 있다.

순박하고 조용한 성품으로 주변을 세심하게 살피고 변화에 유연하게 적응한다. 타고난 촉(觸)으로 기회를 포착하는 능력도 뛰어나다. 다만 이러한 섬세함은 때로 신중함과 조급함이 공존하는 복잡한 양면성으로 나타나기도 한다. 내성적이거나 수동적인 것 같으면서도, 상황에 따라 적극적이거나 능동적인 성향도 보인다. 이처럼 감정의 기복도 크고 속마음을 쉽게 드러내지 않아 '속내를 알기 어려운 명(命)'으로 비춰질 수 있다.

기토(己土)의 기운을 지닌 사람이라면, 자신의 포용력을 강점으로 살리되, 내면의 불안과 양면성을 다스리는 연습을 통해 보다 안정된 삶의 흐름을 만들어가는 것이 중요하다.

경금(庚金) — 제련되지 않은 강철, 단단한 결단의 기운

경금(庚金)은 양의 기운을 지닌 제련되지 않은 무쇠나 광석, 바위를 상징하며, 하늘에서는 '달'에 비유된다. 계절로는 신금(辛金)과 함께 '가을'에 해당한다.

단단하고 거친 원석이 다듬어져 날카로운 칼이 되듯, 경금은 강한 의지와 결단력을 지닌 기운으로, 명확하고 냉철한 판단력을 지녔으며 규율과 질서를 무엇보다 중시한다.

'강력형'이라 부를 만큼 의협심과 결단력이 강하며, 올곧고 강단 있는 성격에 의리가 있어 주변의 신뢰를 얻는다. 쉽게 배반하지 않으며, 동료에 대한 애정과 소속감이 강해 지도력과 통솔력 또한 뛰어나다. 강인한 외면 속에 순수하고 솔직한 면모를 드러내기도 하지민, 때로는 지나치게 엄격하고 냉정하며 융통성이 부족하게 보일 때도 있다.

경금(庚金)의 기운을 지닌 사람이라면, 자신의 단단함을 무기로 삼되, 명상이나 수양을 통해 자신을 다스릴 수 있는 열린 마음과 유연한 사고를 기르는 것이 큰 성취로 나아가는 중요한 열쇠가 될 것이다.

신금(辛金) — 서리처럼 맑고 예리한 지성, 다듬어진 보석의 기운

신금(辛金)은 음의 기운을 가진 잘 제련된 보석이나 작고 정교한 금속을 상징하며, 하늘에서는 '서리'에 비유된다. 거친 쇳덩이를 정성껏 다듬어 만들어낸 보석처럼, 신금은 섬세함과 세밀함을 갖춘 기운으로, 사소한 디테일까지 놓치지 않는 정밀한 감각을 지니고 있다.

'의리형'이라 불릴 만큼 신뢰를 중시하고 깔끔한 성향을 지니고 있으며, 예리한 직관과 분석력을 바탕으로 탁월한 기획력과 판단력을 발휘한다. 새로운 것을 추구하며 변화에 앞서가는 능력도 뛰어나다. 또한 약한 듯 보이지만 속은 단단하고 야무지며, 일을 처리할 때도 치밀하고 단호한 성향을 보인다. 다만 이런 날카로움은 때로는 이기적인 태도나 지나친 예민함, 비판적인 성향으로 비칠 수 있다.

신금(辛金)의 기운을 지닌 사람이라면, 자신의 예리함을 장점으로 살리되, 타인에 대한 관용과 부드러운 포용을 함께 기를 때 그 빛이 더욱 오래도록 반짝일 것이다.

임수(壬水) — 끝없이 흐르는 대양, 지혜와 포용의 기운

임수(壬水)는 양의 기운을 지닌 큰 물로, 장대한 강이나 호수, 바다를 상징하며, 하늘에서는 '눈'에 비유된다. 계절로는 계수(癸水)와 함께 '겨울'에 해당하며, 깊고 넓은 바다처럼 관대하고 포용적인 성품을 지닌다.

유연하고 적응력이 뛰어나며, 흐르는 물처럼 사교적이고 활발한 성향을 보여 '활발형'이라 할 수 있다. 고요한 표면 아래에서도 끊임없이 움직임을 이어가는 것, 그것이 임수의 특징이다. 상황 파악이 빠르고 앞을 내다보는 능력이 뛰어나며, 지혜롭고 현명한 판단력을 지녔다.

다만 때로는 도덕과 규범을 무시할 때도 있고 우유부단함을 보이기도 하며, 속내를 쉽게 드러내지 않는 성향을 보인다. 감춰진 내면이 깊고 넓어 타인이 쉽게 헤아리기 어려우며, 상황에 따라 계산적으로 움직이는 면모를 드러내기도 한다.

임수(壬水)의 기운을 지닌 사람이라면, 흐르는 물처럼 유연함을 유지하되, 때때로 자신만의 기준과 원칙을 세워야 더 큰 바다로 나아갈 수 있을 것이다.

계수(癸水) — 보슬비처럼 스며드는 지혜, 맑은 감성의 기운

계수(癸水)는 음의 기운을 지닌 작은 물로, 맑은 계곡물이나 약수에 비유되며, 하늘에서는 '보슬비(이슬비)'를 상징한다. 부드럽고 유연한 성향을 지닌 '유연형'으로, 감수성이 풍부하고 섬세하며, 사물을 앞서 내다보는 선견지명이 뛰어나다.

조용하고 내성적인 기질을 지녔지만, 대인 관계에서는 사교술이 뛰어나 적을 만들지 않는 성향을 보인다. 임기응변이 능해 참모나 보좌 역할을 잘 수행하며, 준법정신과 순발력도 뛰어나다. 또한 호기심이 많고 목표의식이 뚜렷해, 한 번 시작한 일은 끈기와 인내심으로 중간에 포기하지 않고 끝까지 밀어붙이는 힘을 가지고 있다.

자애롭고 배려심도 깊은 다정한 성품이나, 때로는 감정 기복이 심하거나 타인의 말을 귀 기울여 듣지 않는 태도를 보일 수 있다.

계수(癸水)의 기운을 지닌 사람이라면, 자신의 섬세함을 장점으로 살리되, 감정에 치우치지 않고 타인의 의견을 수용하는 균형 감각을 기른다면 더욱 큰 성장을 이룰 것이다.

명리학에서 가장 중요한 원칙 가운데 하나는, 일간이 본래의 오행적 본질을 잃지 않고 '일간(日干)다워야 한다'는 것이다. 일간이 자신의 성질과 기운을 온전히 지켜내야, 비로소 뜻을 이루고 삶의 방향을 온전하게 펼칠 수 있다.

만약 사주팔자 여덟 글자의 균형이 무너지거나, 대운(大運)이나 연운(年運)에서 일간의 본질을 무너뜨리는 글자가 들어온다면 큰 성공을 이루기 어려울 수 있다. 이때 운이 좋다면 현상을 유지하는 수준에 머물 수는 있겠으나, 인생의 흐름을 뒤바꾸는 발복(發福)의 기회를 얻기는 쉽지 않다.

아래의 표는 열 개의 천간(十干)이 지닌 상징과 의미를 한눈에 볼 수 있도록 정리한 것이다. 자신의 일간에 담긴, 하늘이 부여한 본질을 이해하는 일은, 곧 '나'를 나답게 깊이 이해하는데 중요한 열쇠가 되어 줄 것이다.

· 천간의 상징 및 특성 ·

갑(甲)	을(乙)	병(丙)	정(丁)	무(戊)
큰 나무 천둥번개	작은 나무·화초 바람	큰 불 태양	작은 불·등대 별	넓은 땅·산 안개
적극형	추진형	맹렬형	봉사형	뚝심형
기(己)	경(庚)	신(辛)	임(壬)	계(癸)
작은 땅 · 전답 구름	무쇠 · 바위 달	금속 · 보석 서리	큰 물 · 바다 눈 · 소낙비	작은 물 · 계곡물 보슬비 · 이슬
인내형	강력형	의리형	활발형	유연형

땅의 기운,
지지(地支)의 성향과 특성

지지(地支), 땅의 기운이자 시간의 언어

천간(天干)이 오행을 음과 양으로 나누어 10개의 기운으로 구성된다면, 지지(地支)는 자연의 사계절인 봄·여름·가을·겨울의 흐름에 따라, 각 계절이 3개의 글자로 묶여 총 12개의 기운으로 이루어진다.

봄은 '인(寅)·묘(卯)·진(辰)', 여름은 '사(巳)·오(午)·미(未)', 가을은 '신(申)·유(酉)·술(戌)', 겨울은 '해(亥)·자(子)·축(丑)'으로 구분된다. 이 12개의 글자는 자연의 변화와 시간의 순환을 나타내는 상징으로, 명리학에서 인간의 삶을 읽어내는 핵심 축이다.

지지(地支)의 개념은 천문학에서 말하는 황도십이궁(黃道十二宮)과 유사하다. 이는 태양이 동쪽에서 떠올라 서쪽으로 기우는 궤적인 황도에 위치하는 열두 개의 별자리를 말한다. 서양의 고대인들이 태양이 지나가는 이 열두 개의 별자리를 관찰하여 계절과 시간을 읽어냈듯, 동양의 선조들은 열두 지지에 동물을 비유하여 자연의 순환과 인간의 운명을 해석했다.

여기서 더 나아가 동양의 지혜는 이십사절기(二十四節氣)로 세분화되어, 날씨와 계절의 변화를 정교하게 읽어내는 통찰로 이어졌다. 봄에는 입춘(立春)·경칩(驚蟄)·청명(淸明)이 있고, 각각의 15일 뒤에는 우수(雨水)·춘분(春分)·곡우(穀雨)가 따른다. 여름에는 입하(立夏)·망종(芒種)·소서(小暑)가 있으며, 이어 소만(小滿)·하지(夏至)·대서(大暑)가 15일 뒤에 따른다. 가을은 입추(立秋)·백로(白露)·한로(寒露), 이어 처서(處暑)·추분(秋分)·상강(霜降)으로 이어지며, 겨울은 입동(立冬)·대설(大雪)·소한(小寒)과 소설(小雪)·동지(冬至)·대한(大寒)으로 완성된다.

현대 사회에서는 24절기의 의미가 다소 희미해졌지만, 명리학에서는 여전히 매우 중요한 기준으로 작용한다. 예를 들어, 연운(年運)이나 월운(月運)을 해석할 때도 24절기의 시작점이, 곧 그 기운이 전환되는 기준이 된다. 특히 명리학에서는 한 해의 시작을 양력 1월 1일이 아니라, 대략 2월 4일경 찾아오는 '입춘(立春)'을 기준으로 구분한다. 따라서 입춘 이전에 태어난 사람은 아직 새로운 해의 기운이 열리지 않았다고 보아, 전년도 연주(年柱)를 기준으로 사주를 해석해야 한다.

월운도 마찬가지다. 이를테면 2026년 12월이 경자(庚子)월로 표기되더라도, 실제로 경자(庚子)의 기운이 움직이는 시기는 '대설'이 지난 이후로 본다. 따라서 12월1일은 경자의 기운이 아니라, 여전히 11월의 기해(己亥) 기운이 움직인다고 해석된다.

지지는 우리가 태어난 해의 '띠'와 연결되며, 천간과 마찬가지로 각각 고유한 특성과 속성을 지닌다. 이러한 특성은 천간과 동일하게 개인의 성격과 심리, 행동 양식, 인생의 흐름을 해석하는 중요한 단서가 된다. 특히 지지에는 '지장간(地藏干)'이라 불리는 땅 속에 숨겨져 있는 천간의 기운이 있어, 지지를 해석할 때는 천간보다 한층 더 복합적이고 세밀한 분석이 필요하다.

지지의 세계는 그만큼 다층적이며 심오한 깊이가 있다. 천간이 하늘의 기운을 상징한다면, 지지는 땅의 기운과 계절의 흐름을 보여주는 '시간과 공간의 언어'라 할 수 있다. 이를 보여주듯 지지는 크게 3가지 성향 - 역마(驛馬), 도화(桃花), 화개(華蓋) - 으로 구분된다.

'역마 · 도화 · 화개'는 사주팔자를 통변할 때 매우 중요한 요소이지만, 집필 목적상 그 세부적인 의미와 해석은 다음으로 미루고자 한다. 여기서는 우선 각 지지가 어떤 성향에 해당하는지만 간단히 살펴보려 한다.

- **인(寅)·신(申)·사(巳)·해(亥)**는 모두 양(陽)의 기운을 가진 '역마'의 글자로, 활발한 변화와 이동, 역동성을 상징하며 '생지(生支)'라 한다.

- **자(子)·오(午)·묘(卯)·유(酉)**는 모두 음(陰)의 기운을 지닌 '도화'의 글자로, 매력과 인간관계, 성장을 나타내며, '왕지(旺支)'라 부른다.

- **진(辰)·술(戌)·축(丑)·미(未)**는 모두 토(土)의 기운을 지닌 '화개'의 글자로, 고요함과 성찰, 내면의 완성을 상징하며 '사지(死支)'라 한다. 이 중 진토(辰土)와 술토(戌土)는 양의 기운을, 축토(丑土)와 미토(未土)는 음의 기운을 지닌다.

이처럼 지지는 단순히 시간과 계절을 나타내는 표식이 아니다. 하늘의 기운인 천간과 어우러져 인간의 삶을 이루는 땅의 질서이며, 명(命)의 주인을 깊이 이해하게 해주는 중요한 언어인 것이다.

열두 개 지지의 특성과 성향

자수(子水)는 지지의 첫 번째 글자로 음력 11월에 해당하며, 띠 동물은 '쥐'이다. 천간의 계수(癸水)와 작용력이 비슷하여 맑고 깨끗한 특성을 지닌다. 지장간에는 임수(壬水)가 10일, 계수(癸水)가 20일 작용한다. 오행으로는 수(水)의 기운에 속하므로, 방위는 북쪽을 상징한다.

자수가 다스리는 시간은 밤 11시30분부터 새벽 1시29분까지이며, 절기로는 '대설'과 '동지'에 해당한다. 특히 동지는 낮이 가장 짧고 밤이 가장 긴 시기로, 음의 기운이 절정에 이르는 때이다. 자수(子水)는 도화의 글자로서 야행성의 기운과도 연결되어, 유흥이나 정보계통과 같은 영역과 인연이 깊다.

축토(丑土)는 지지의 두 번째 글자로 음력 12월에 해당하니, 띠 동물은 '소'이다. 지장간에는 계수(癸水)가 9일, 신금(辛金)이 3일, 기토(己土)가 18일 작용한다. 오행으로는 토(土)의 기운을 가진 겨울의 얼어붙은 동토(冬土)로, 토(土)이나 수(水)의 성정도 함께 가지고 있다. 따라서 국(局)으로 분류하면, 수국(水局)에 속하므로 방위는 북쪽을 상징한다.

축토의 시간은 새벽 1시30분부터 새벽 3시29분까지이며, 절기로는 '소한'과 '대한'에 해당한다. 축토는 겨울의 끝자락, 깊은 한기 속에서도 새로운 생명을 품고 다음 계절을 준비하는 땅의 기운을 상징한다. 밖으로 드러나지는 않지만, 내부에는 봄의 양기의 움직임이 시작되는 시기다.

이러한 특성 덕분에 축토(丑土)는 인내심이 강하고, 성실하며, 끈기 있는 기운을 지닌 반면 속마음을 알기 어려운 성향도 보인다.

인목(寅木)은 음력 1월에 해당하며, 봄의 큰 나무로 새 생명의 탄생을 알리는 초봄을 여는 시기로, 띠 동물은 '호랑이'이다. 지장간에는 무토(戊土)가 7일, 병화(丙火)가 7일, 갑목(甲木)이 16일 작용한다. 오행으로는 목(木)의 기운에 속하기 때문에 방위는 동쪽을 상징한다.

인목이 다스리는 시간은 새벽 3시30분부터 새벽 5시29분까지이며, 절기는 '입춘'과 '우수'이다. 인목(寅木)은 역마의 기운을 내포하고 있어 움직이고 이동하는 것이 적성에 맞다. 천간의 갑목(甲木)과 작용력이 비슷하여, 지배하려는 성향이 강하고 지는 것을 싫어한다.

묘목(卯木)은 음력 2월에 해당하며 봄의 기운을 받아 만물이 소생하는 시기로, 띠 동물은 '토끼'다. 지장간에는 갑목(甲木)이 10일, 을목(乙木)이 20일 작용한다. 오행으로는 목(木)의 기운에 속하므로, 방위는 동쪽을 상징한다.

묘목의 시간은 오전 5시30분부터 오전 7시29분까지이며, 절기는 '경칩'과 '춘분'에 해당한다. 묘목(卯木)은 도화의 기운을 지녀 자기를 드러내고 아름답게 꾸미는 것을 즐기며, 계절의 여왕답게 화려함과 개성을 드러내는 성향이 강하다. 패션이나 미용 계통과 같은 영역과 인연이 깊다.

진토(辰土)는 음력 3월에 해당하며 여름을 여는 시기로 봄의 양의 기운이 강한 시기로, 띠 동물은 '용'이다. 지장간에는 을목(乙木)이 9일, 계수(癸水)가 3일, 무토(戊土)가 18일 작용한다. 오행의 기운으로 보면 토(土)이지만 목(木)의 성정도 함께 가지고 있어, 국(局)으로 분류하면 목국(木局)에 속하므로 방위는 동쪽을 상징한다.

진토의 시간은 오전 7시30분부터 오전 9시29분까지이며, 절기로는 '청명'과 '곡우'에 해당한다.

진토는 봄의 흙으로 수분을 머금은 습토(濕土)이다보니 나무가 뿌리 내리기 좋아하는 땅이다. 띠 동물인 용이 상징하듯, 진토는 이상이 높고 진취적인 기상을 지니며, 풍부한 상상력과 비전을 펼치는 능력을 가지고 있다.

사화(巳火)는 음력 4월에 해당하며 여름이 시작되는 계절로, 띠 동물은 '뱀'이다. 지장간에는 무토(戊土)가 7일, 경금(庚金)이 7일, 병화(丙火)가 16일 작용한다. 오행으로는 화(火)의 기운에 속하므로, 방위는 남쪽을 상징한다.

사화의 시간은 오전 9시30분부터 오전 11시29분까지이며, 절기는 '입하'와 '소만'이다. 사화(巳火)는 인목처럼 역마의 기운을 가지다 보니, 활동적인 직업과 인연이 있다. 천간의 병화(丙火)를 닮아 태양과 같이 열정적인 성격으로, 근면 성실하며 예의가 바른 편이다.

오화(午火)는 음력 5월에 해당하며, 여름의 열기가 정점으로 태양이 가장 높이 뜨는 시기로, 띠 동물은 '말'이다. 지장간에는 병화(丙火)가 10일, 정화(丁火)가 20일 작용한다. 오행으로는 화(火)에 속하므로, 방위는 남쪽을 상징한다.

오화가 다스리는 시간은 오전 11시30분부터 오후 1시29분까지이며, 절기는 '망종'과 '하지'에 해당한다.

천간의 정화(丁火)를 닮아 작은 불로, 온기와 따뜻함을 상징한다. 따라서 일지나 월지에 오화(午火)를 가진 명은 대체로 정이 많고 마음이 따뜻하며, 타인에게 온기를 전하는 성품을 지닌 경우가 많다. 또한 오화는 도화의 글자이기도 하여, 화술도 뛰어나고 사교적이며 봉사정신이 강한 특징을 보인다.

미토(未土)는 음력 6월에 해당하며, 띠 동물은 '양'이다. 지장간에는 정화(丁火)가 9일, 을목(乙木)이 3일, 기토(己土)가 18일 작용한다. 오행으로는 토(土)의 기운을 가진 뜨겁고 건조한 여름의 열토(熱土)로, 토(土)이나 화(火)의 성정도 함께 가지고 있다. 따라서 국(局)으로 분류하면, 화국(火局)에 속하므로 방위는 남쪽을 상징한다.

미토의 시간은 오후 1시30분부터 오후 3시29분까지이며, 절기는 '소서'와 '대서'에 해당한다. 뜨거운 흙(土)이다보니 나무가 뿌리를 내리기 힘들고, 수분이 없어 메말라 있기 때문에 수(水)를 기다린다. 미토(未土)는 타인의 간섭을 싫어하고 스스로 나서기를 좋아하지 않는다. 겉보기에는 순한 듯 보이지만, 한 번 화가 나면 강하고 단호한 성정을 드러내는 면도 있다.

신금(申金)은 음력 7월에 해당하며 가을이 시작되는 시기로, 띠 동물은 '원숭이'다. 지장간에는 무토(戊土)가 7일, 임수(壬水)가 7일, 경금(庚金)이 16일 작용한다. 오행으로는 금(金)의 기운에 속하므로, 방위는 서쪽을 상징한다.

신금의 시간은 오후 3시30분부터 오후 5시29분까지이며, 절기로는 '입추'와 '처서'에 해당한다. 신금(申金)은 천간의 경금(庚金)과 작용력이 비슷하여, 의리가 있고 순박한 면이 있다. 또한 특별한 재능이나 기술을 가진 경우가 많으며, 사색을 즐기고 철학적인 성향도 보인다.

유금(酉金)은 음력 8월에 해당하며, 가을의 계절인 금이 강할 때로 낮과 밤의 길이가 비슷해지는 시기로, 띠 동물은 '닭'이다. 지장간에는 경금(庚金)이 10일, 신금(辛金)이 20일 작용한다. 오행으로는 금(金)의 기운에 속하므로, 방위는 서쪽을 상징한다.

유금의 시간은 오후 5시30분부터 오후 7시29분까지이며, 절기로는 '백로'와 '추분'에 해당한다.

유금(酉金)은 도화의 글자이기도 하여, 이성에게 호감을 주고 꾸미기를 좋아한다. 명(命)에 유금이 강하면 과시욕이 강할 수 있으며, 천간의 신금(辛金)을 닮아 냉정하고 맺고 끊는 성정도 강하다.

술토(戌土)는 음력 9월에 해당하며, 천간의 무토(戊土)를 닮았고, 띠 동물은 '개'이다. 지장간에는 신금(辛金)이 9일, 정화(丁火)가 3일, 무토

(戊土)가 18일 작용한다. 오행으로는 토(土)의 기운을 가진 가을의 따뜻한 온토(溫土)로, 토(土)이나 금(金)의 성정도 함께 가지고 있다. 따라서 국(局)으로 분류하면, 금국(金局)에 속하므로, 방위는 서쪽을 상징한다.

술토가 다스리는 시간은 밤 7시 30분부터 밤 9시 29분까지이며, 절기로는 '한로'과 '상강'에 해당한다. 술토(戊土)는 충성스러운 면이 있어 경찰이나 공무원 같은 직업과 인연이 있다.

옛 어른들이 "아홉수를 조심해야 한다"라고 말하곤 했는데, '아홉수'란 바로 숫자 '9'가 상징하는 인생의 술토의 시기를 의미한다. 즉, 이때는 양의 정점에 이른 불(火)의 기운이 소진되고, 새로운 겨울(水)의 순환으로 넘어가기 직전의 과도기로, 운의 전환기에 신중하게 처신하라는 조언으로 해석할 수 있다.

해수(亥水)은 음력 10월에 해당하며, 띠 동물은 '돼지'다. 지장간에는 무토(戊土)가 7일, 갑목(甲木)이 7일, 임수(壬水)가 16일 작용한다. 오행으로는 수(水)의 기운에 속하므로 방위는 북쪽을 상징한다.

해수의 시간은 밤 9시 30분부터 밤 11시 29분까지이며, 절기로는 '입동'과 '소설'에 해당한다.

해수(亥水)는 천간의 임수(壬水)를 닮아, 지혜롭고 유연성과 순발력이 뛰어나며 넓은 마음을 가지고 있어 포용력도 크다. 직업으로는 정보계통과 인연이 있다.

· 지지의 상징 및 특성 ·

	해(亥)	자(子)	축(丑)	인(寅)	묘(卯)	진(辰)
지장간	무(戊) 갑(甲) 임(壬)	임(壬) 계(癸)	계(癸) 신(辛) 기(己)	무(戊) 병(丙) 갑(甲)	갑(甲) 을(乙)	을(乙) 계(癸) 무(戊)
동물	돼지	쥐	소	호랑이	토끼	용
음력	10월	11월	12월	1월	2월	3월
기운	역마	도화	화개	역마	도화	화개
대운국	수국(水局)			목국(木局)		

	사(巳)	오(午)	미(未)	신(申)	유(酉)	술(戌)
지장간	무(戊) 경(庚) 병(丙)	병(丙) 정(丁)	정(丁) 을(乙) 기(己)	무(戊) 임(壬) 경(庚)	경(庚) 신(辛)	신(辛) 정(丁) 무(戊)
동물	뱀	말	양	원숭이	닭	개
음력	4월	5월	6월	7월	8월	9월
기운	역마	도화	화개	역마	도화	화개
대운국	화국(火局)			금국(金局)		

30분의 차이가 바꾸는 운의 흐름

우리가 사용하는 시계의 시간은 사회가 정한 인위적인 '약속의 시간'이다. 그러나 명리학이 다루는 시간은 하늘과 땅의 기운이 정밀하게 맞닿는 '자연의 시간'이다. 이 자연의 시간 속에서 흐르는 미세한 기운의 차이가 사람의 삶에 영향을 미치며, 때로는 그 작은 시간의 편차가 사주의 기운을 바꾸고 운의 흐름을 달리 보이게 만들기도 한다.

앞에서 설명한 지지(地支)의 시간대를 좀 더 자세히 들여다보면, 하루가 각 2시간 단위로 나뉘어 구분된다는 것을 알 수 있다. 예를 들어 자시(子時)는 밤 11시부터 새벽 1시가 아니라, 밤 11시 30분부터 새벽 1시 29분으로 계산된다. 이처럼 정시 기준과 30분의 차이가 생기는 이유는, 우리가 사용하는 표준시와 실제 태양의 운행 사이에 오차가 존재하기 때문이다.

현재 세계의 국가별 표준시는 런던 그리니치 천문대(경도 0도)를 기준으로 정해진다. 한국의 실제 경도는 동경 127.5도이지만, 한국전쟁과 1961년 5·16 군사정변 이후 일본과 같은 동경 135도를 표준시로 채택하면서, 우리는 실제보다 약 30분 빠르게 살고 있는 셈이다.

명리학은 하늘의 기운과 땅의 기운이 사람에게 미치는 영향을 탐구하는 학문이다. 따라서 사주팔자를 통변할 때는 실제 태양의 움직임을 기준으로 한 시간, 즉 동경 127.5도 기준의 시각으로 환산해야 한다.

이러한 이유로 사주를 볼 때는, 현재 우리가 사용하는 표준시보다 30분 늦춰서 계산하는 것이 정확하다. 다시 말해, 사회적으로 정한 '낮 12시'를 정오로 여기지만, 자연법칙상 태양이 가장 높이 떠 있는 시각은 12시 30분인 것이다.

명리학에서는 이 30분의 차이를 매우 중요하게 여기며, 이로 인해 '야자시(夜子時)'라는 개념이 생겨났다. 흥미롭게도 북한은 2018년을 제외하고 동경 127.5도를 표준시로 사용하고 있어, 현재도 우리보나 30분 늦은 시간대, 즉 '명리학의 시간'을 살아가고 있다.

여기에 한 가지 더 흥미로운 점이 있다. 1949년부터 1961년 사이, 그리고 1987년과 1988년 여름(개략 5월~9월)에 태어난 사람들은 당시 시행되었던 일광절약시간제, 일명 '서머타임(Summer Time)' 제도의 영향을 받는다. 이 시기에는 표준시보다 1시간을 앞당겨 생활했기 때문에, 해당 연도에 태어난 사람들의 사주팔자 여덟 글자는 기존 시간보다 1시간 빠르게 보정해야 정확한 통변이 가능하다.[3]

백송 선생님은 50년이 넘는 사주상담 경험을 통해 이러한 태어난 시각의 미세한 오차가 통변에 있어 좀 더 실증적인 정확도를 높이게 됨을

---

3 예를 들어 서머타임이 시행되었던 해의 시계상 표기된 '아침 10시'는 실제 천문학적(표준시) 기준으로 '아침 9시'였다.

강조하셨다. 따라서 제자로서 나 또한 그 가르침을 깊이 따르고 있다.

하늘이 부여한 명운(命運)을 살피는 것이 명리학이라면, 실제로 태어난 순간의 하늘의 기운을 온전히 해석하는 것이야말로 가장 합당한 접근이 아닐까 한다.

오화(午火) 지장간을 둘러싼 숨은 논쟁

명리학의 학계에서는 오래전부터 오화(午火)의 지장간을 어떻게 볼 것인가를 두고 논쟁이 있어왔다.

오늘날 자주 활용되는 '만세력 천을귀인'이나 '하늘도마뱀 만세력' 같은 앱(app)에서는 오화의 지장간을 '병(丙)·기(己)·정(丁)'으로 표기하고 있다. 이는 "화기(火氣)가 절정에 이르는 오화에는 반드시 토(土)가 생기므로 기토(己土)를 포함해야 한다"는 일부 학파의 주장, 일명 '삼기설(三氣說)'에 기반한 것이다. 불이 타고 남은 재가 흙으로 변하듯, 화(火)에서 토(土)가 생한다는 오행의 흐름을 강조한 관점이다.

그러나 백송 선생님은 오랜 세월의 실전 통변 끝에 "오화(午火)의 지장간에는 병화(丙火)와 정화(丁火) 두 기운만 존재한다"는 이른바 '이기설(二氣說)'의 결론에 이르셨다. 화기의 음과 양을 모두 인정하되, 기토는 화의 부산물일 뿐 오화 자체의 본질적인 기운이라 보기 어렵다는 뜻이다. 이는 단순한 개인의 견해를 넘어, 현대 명리학 학계에서도 점차 힘을 얻고 있는 해석이다. 이 해석은 화기의 본질을 더욱 명확하게 이해하게 하고, 실제 사주 통변에서도 기운의 흐름을 보다 정교하고 일관되게 읽어낼 수 있게 했다는 백송 선생님의 오랜 실전 경험에 기인한 바이다.

그 근거는 분명하다. 자(子)·오(午)·묘(卯)·유(酉)는 '왕지(旺支)'라 불리듯, 해당 오행의 기운이 가장 왕성하게 작용하는 지지다. 이러한 왕지는 다른 지지처럼 다양한 기운이 섞여 있지 않고, 자신의 고유한 오행만을 가장 순수한 형태로 간직한다. 따라서 오화는 오직 병화(丙火)와 정화(丁火)라는 두 개 천간의 기운만을 지장간에 지니고 있다고 보는 것이 합당할 것이다.

나 역시 백송 선생님의 견해에 깊이 공감한다. 자수(子水)와 묘목(卯木), 유금(酉金)이 오직 자신의 고유한 오행의 음양의 기운만을 가지고 있듯, 오화(午火)가 예외가 될 이유는 없는 것이다.

명리학이란 언제나 음양오행의 이치 위에서 끊임없이 발전하고 재해석되는 학문이다. 오화의 지장간을 둘러싼 논의는 그 중 하나의 예이며, 이러한 학문적 논쟁 속에서 우리는 자연의 기운을 해석하는 시각을 조금 더 깊고 섬세하게 다듬어가게 될 것이다.

PART
2

명리학의
기초를 세우다

천간의 합(合)과 충(沖),
기운의 만남과 충돌

우주의 변화는 합(合)에서 시작된다

'합(合)'이란 음양오행이 서로 다른 두 간지가 끌어당겨 서로 결합하는 현상을 말한다. 합(合)이 이루어지면 '묶인다, 변한다, 강해진다'라는 뜻으로 해석될 수 있다. 세상만물이 끊임없이 변화하듯, 합이 이루어진 뒤에는 본래 가지고 있던 간지의 기운이나 속성이 달라지거나 때로는 상실될 수 있다. 맑고 깨끗한 물이 다른 물질과 섞이면 본질을 잃고 오염될 수 있듯이, 합이 되는 경우 때로는 혼탁해지며 수해를 일으켜 피해를 일으키는 예기치 않은 결과를 만들기도 한다.

합(合)에는 크게 '천간합(天干合)'과, 흔히 삼합(三合)이라 부르는 '지지합(地支合)'이 있다. 먼저 천간합은 일명 부부지합(夫婦之合) 또는 애정지합(愛情之合)이라 불린다. PART 1에서 살펴본 하늘의 10개 글자(천간) 가운데, 갑(甲)·병(丙)·무(戊)·경(庚)·임(壬)의 5개의 양간(陽干)이 6번째의 음간(陰干)과 짝을 이루어 합하는 구조다.

남녀가 서로에게 끌려 합을 이루듯, 양은 음에 뿌리를 내리고, 음은 양에 의지하며 합을 통해 서로 화합하여 일체가 되는 것이다. 이 과정에서 어느 한쪽의 강한 기운에 묶이게 되거나, 반대로 합을 통해 서로의 기운이 보강되어 그 힘이 더욱 커질 수 있다. 결국 우주의 모든 존재가 '화(化, 변화)'를 통해 만들어지듯, 인간의 길흉화복 또한 이러한 우주 만물의 변화 속에서 비롯되는 것이다.

구체적으로 천갑합은 '갑기합(甲己合)', '을경합(乙庚合)', '병신합(丙辛合)', '정임합(丁壬合)', '무계합(戊癸合)'의 5가지로 구분된다. 이때 천간이 합을 이루려면 반드시 각각의 두 글자가 바로 옆에 붙어있어야 하며, 떨어져 있는 경우에는 합을 이룬다고 보기 어렵다. 마치 남녀가 사랑하여 합을 이루고자 하나, 부모나 환경 요소 등 가로막는 장애물이 있으면 쉽게 합을 이루지 못하는 것과 유사하다.

천간합(天干合)의 특성

갑기합(甲己合)은 합하여 토(土)의 기운을 띠게 되는데, 이는 '중도를 지킨다'하여 '중정지합(中正之合)'이라 부른다.

을경합(乙庚合)은 합하여 금(金)이 되는데, 이는 '어질고 의리가 있다' 하여 '인의지합(仁義之合)'이라 부른다.

병신합(丙辛合)은 합하여 수(水)가 되고, 이는 '위엄을 갖춘다'하여 '위 엄지합(威嚴之合)'이라 부른다.

정임합(丁壬合)은 합하여 목(木)이 되는데, 이는 '은밀히 합한다'하여 '음란지합(淫亂之合)' 또는 '인수지합(仁壽之合)'이라 부른다.

무계합(戊癸合)은 합하여 화(火)가 되는데, 이는 '합하고 있으나 정이 없다'하여 '무정지합(無情之合)'이라 부른다.

갑기(甲己) 合化 **토(土)**
을경(乙庚) 合化 **금(金)**
병신(丙辛) 合化 **수(水)**
정임(丁壬) 合化 **목(木)**
무계(戊癸) 合化 **화(火)**

다만 합(合)이 이루어졌다고 해서, 반드시 합화(合化)가 되는 오행으로 변화하는 것은 아님을 반드시 기억해둘 필요가 있다. 남녀가 서로 사랑하여 합을 이뤘다 하더라도, 가족의 반대나 시기적인 때가 맞지 않는다면 결혼으로 이어지지 못하는 인생의 모습과 비슷하다.

　사주팔자의 합 역시 이러한 환경적 조건이 뒷받침되지 않으면 합으로 묶이기는 하나, 합화(合化)하여 다른 오행으로 변하지 못할 수 있다. 즉, 합(合)이 곧 '변한다(化)'를 의미하지는 않는다. 두 기운이 만나 묶일 수는 있지만, 그 합이 실제 변화를 일으키려면 때와 환경이 함께 갖춰져야 한다.

충(沖), 부딪힘 속에서 일어나는 변화의 힘

　천간합과 더불어 천간충(天干沖) 역시 함께 살펴볼 필요가 있다.
　'충(沖)'이란 성질이 상반되는 오행끼리 서로 충돌하여 발생하는 작용을 의미한다. 합이 서로 끌어당기고 묶이는 관계라면, 충은 그 반대로 부딪히고 마찰하며 변화를 일으키는 관계다. 그 힘은 단순한 상극보다 훨씬 강력하여, 사주의 흐름 속에서 구체적인 사건이나 전환의 계기로 나타나기도 한다.

　충(沖)은 '충돌하다, 마찰하다, 다듬다'라는 뜻이 담겨 있다. 따라서 충은 때로 '해산·분리·파괴'와 같은 부정적 작용으로 나타날 수 있다. 반면 사주팔자 명에 따라서는 반대로 '충전·분발·개척'의 계기가 되어, 오히려 전화위복의 긍정적인 전환점이 되기도 한다.

사주에 합(合)이 있다고 해서 반드시 길(吉)한 것이 아니듯, 충(沖)이 있다하여 항상 흉(凶)하다고 단정할 수는 없다. 즉, 합과 충은 모두 사주의 전체 구조 속에서 그 의미를 심도 있게 살펴봐야 하므로, 합과 충이 항상 좋다고 할 수 없고 항상 나쁘다고 할 수도 없다. 이는 사주 팔자 여덟 글자의 명(命)과 운(運)의 흐름을 보고 판단해야 한다. 특히 대운이나 연운에서 합이나 충을 이루는 글자가 들어올 때는, 그 작용이 어떤 방향으로 전개되는지를 명 전체의 균형 속에서 세밀하게 살펴봐야 한다.

천간충(天干沖)의 특성

천간의 충(沖)은 천간 배열에서 7번째로 만나는 천간의 글자끼리 서로 충을 이루게 되는데, 이를 두고 '칠충(七沖)' 또는 '칠살(七殺)'이라 부른다. 천간의 합과 마찬가지로, 천간의 충 또한 대운이나 연운에서 충을 일으키는 글자가 들어오지 않는 한, 해당 글자들이 바로 옆에 붙어 있을 때에만 충의 작용이 나타나며, 떨어져 있다면 충을 이룬다고 보기 어렵다.

천간충의 공통된 특징은 두 천간이 상극 관계이면서, 동시에 같은 음양을 지닌다는 점이다.

예를 들어 갑목(甲木)은 양목(陽木)으로 십간의 첫 번째 천간이며, 경금(庚金)은 7번째 천간으로 양금(陽金)에 해당한다. 이 둘이 만나면 금(金)이 목(木)을 극하는 형국이 되어 '갑경충(甲庚沖)'이 성립한다.

같은 원리로 을목(乙木)은 신금(辛金)과 충이 되고, 병화(丙火)는 임수(壬水)와 충이 되며, 정화(丁火)는 계수(癸水)와 충이 된다. 이는 금(金)이 목(木)을 극하고, 수(水)가 화(火)를 극하는 오행의 상극의 형상과 유사하다. 다만 토(土)의 천간인 무토(戊土)와 기토(己土)는 충을 이루지 않는다는 점은 기억해 둘 필요가 있다.

갑경(甲庚) 충(沖)

을신(乙辛) 충(沖)

병임(丙壬) 충(沖)

정계(丁癸) 충(沖)

지지의 합(合)과 충(沖), 시간과 공간의 흐름

지지의 삼합(三合), 세상을 움직이는 같은 기운

지지의 삼합(三合)은 12개 지지 중 음양의 구분 없이 3개의 지지 글자가 서로 합을 이루어 강한 세력을 형성하는 것을 말한다. 마치 여러 세력이 뜻을 모아 하나의 연합을 이루듯, 삼합이 형성되면 동일한 세력을 형성하며 강한 기운을 띄게 된다.

천간합과 유사하게 삼합이 형성되면, 각 지지는 고유의 본질보다 합의 방향성과 기운에 동화되어 작용한다. 이 과정에서 기운이 모이고 응집되며, 새로운 흐름이나 변화가 나타나게 된다.

특히 지지의 삼합은 천간합보다 훨씬 강한 기운의 결합으로, 사주의 구조나 운의 흐름에 결정적인 변화를 일으키는 요인이 될 수 있다. 따라서 삼합의 작용과 그에 따른 변화를 명확히 이해하고 해석하기 위해서는, 단순한 암기가 아닌 깊이 있는 명리학 공부가 필요하다.

지지의 삼합은 크게 4가지로 구분되며, 각 지지는 일정한 순서에 따라 4칸씩 전진하며 만나 합의 기운을 형성한다.

예를 들어, 인목(寅木)은 묘목(卯木)과 진토(辰土), 사화(巳火)를 지나 4번째 글자인 오화(午火)를 만나게 된다. 같은 원리로 오화(午火)는 미토(未土)와 신금(申金), 유금(酉金)을 지나 술토(戌土)를 만나고, 술토(戌土)는 다시 해수(亥水)와 자수(子水), 축토(丑土)를 지나 인목(寅木)을 만나게 되는 것이다. 이렇게 '인(寅)·오(午)·술(戌)'이 모이면 가운데 글자인 '오화(午火)'를 중심으로 '화국(火局)'이 완성된다.

같은 방식으로, '신(申)·자(子)·진(辰)'은 합하여 '자수(子水)'를 중심으로 '수국(水局)'을 이루고, '사(巳)·유(酉)·축(丑)'은 합하여 '유금(酉金)'을 중심으로 '금국(金局)'을 이루며, '해(亥)·묘(卯)·미(未)'는 '묘목(卯木)'을 중심으로 '목국(木局)'을 형성하게 된다.

> **인오술(寅午戌)** 合化 **화(火)**
> **신자진(申子辰)** 合化 **수(水)**
> **사유축(巳酉丑)** 合化 **금(金)**
> **해묘미(亥卯未)** 合化 **목(木)**

지지의 삼합이 완전하고 강력한 힘을 가지려면 3개의 지지 글자가 순서대로 모두 붙어있어야 한다. 이러한 완전한 합을 일명 진합(眞合) 또는 전합(全合)이라 부른다. 3개의 글자 중에 2개만 옆에 붙어서 합을 이루는 경우는 반합(半合) 또는 준삼합(準三合)이라 한다.

이렇듯 삼합은 3개의 지지 글자가 서로 합을 이루며 하나의 강력한 오행의 세력을 만들어내는 원리로, 사주의 큰 기운의 방향성을 판단하는 데 있어 매우 중요한 기준이 된다.

목(木)이 봄을, 화(火)가 여름을, 금(金)이 가을을, 수(水)가 겨울을 주관하듯, 다른 오행들은 저마다 자신만의 황금기 같은 고유의 계절을 가진다. 그러나 토(土)는 앞서 설명했듯, 계절과 계절을 이어주는 환절기의 기운으로, 중재자이자 균형자의 역할을 한다. 따라서 토국(土局)과 같은 특정한 계절의 왕국을 지니고 있지는 않지만, 토(土)의 기운은 유지한 채 각 계절의 끝자락마다 약방의 감초처럼 기운의 전환을 돕는다. 오행의 흐름이 매끄럽게 이어지도록 받쳐 주는 중요한 중심축의 역할을 하는 셈이다.

옛말에 "4살 차이는 궁합도 안 본다"라는 말이 있다. 이는 바로 지지의 삼합에서 비롯된 해석이라 할 수 있다.

예를 들어,

- 인오술(寅午戌)은 태어난 띠로 볼 때, 호랑이띠(寅) – 말띠(午) – 개띠(戌)의 삼합을 의미하며
- 신자진(申子辰)은 원숭이띠(申) – 쥐띠(子) – 용띠(辰)의 삼합을,
- 사유축(巳酉丑)은 뱀띠(巳) – 닭띠(酉) – 소띠(丑)의 삼합을,
- 해묘미(亥卯未)는 돼지띠(亥) – 토끼띠(卯) – 양띠(未)의 삼합을 의미한다.

이처럼 지지의 삼합은 서로의 기운이 조화를 이루며 같은 방향의 방국(方局)을 이루고 있기 때문에, 서로를 극하지 않고 자연스럽게 끌어당기는 조화로운 관계, 즉 좋은 인연으로 여겨져 왔다. 그래서 예로부터 4살 차이 나는 사람들은 삼합의 결합으로 궁합을 따질 필요도 없을 만큼 잘 맞는 인연이라 여긴 것이다.

지지충(地支沖)의 특성

천간의 충과 마찬가지로, 지지의 충(沖) 또한 각 지지 글자가 음양이 같은 7번째 글자와 서로 충을 이루게 된다.

예를 들어,
- 자(子)와 오(午)는 서로 충의 관계로, 자수(子水)는 음수(陰水)로 지지

의 첫 번째 글자이며, 오화(午火)는 음화(陰火)로 지지의 7번째 글자다. 즉, 수(水)가 화(火)를 극하는 형국이다.

- 같은 원리로 묘목(卯木)은 유금(酉金)과 충이 되고,
- 인목(寅木)은 신금(申金)과 충이 되며,
- 사화(巳火)는 해수(亥水)와 충을 이룬다.

천간의 토(土)는 서로 충하지 않지만, 지지의 토(土)는 천간과 달리 같은 토끼리 충을 이룬다. 즉, 양토(陽土)인 진(辰)과 술(戌)이 서로 충하며, 음토(陰土)인 축(丑)과 미(未)가 충을 이룬다.

특히 토(土)의 충은 단순한 충을 넘어, 보물상자인 '사고(四庫)'가 열리면서 지장간 속에 숨겨져 있던 오행의 기운을 꺼내 쓸 수 있게 된다. 명리학에서는 이를 '개고(開庫)'라 부른다. 즉, 다른 오행의 충에 비해 '진술충(辰戌沖)' 또는 '축미충(丑未沖)'이 있다면, 지장간에서 필요한 오행을 꺼내어 쓸 수 있어 사주에 긍정적인 역할을 하는 경우가 많다.

마지막으로, 지지의 충은 그 성격에 따라 세부적으로 구분할 수 있다. 앞서 살펴봤듯, 지지는 각각 도화(桃花), 역마(驛馬), 화개(華蓋)의 성향으로 나눌 수 있는데, 충이 일어나는 대상에 따라 다음과 같이 부른다.

- 자오충(子午沖)과 묘유충(卯酉沖)은 '도화충'이라 하여, 감정의 기복이나 인간관계의 갈등, 혹은 연애나 예술적 감수성의 폭발로 나타날

수 있다.

- 인신충(寅申沖)과 사해충(巳亥沖)은 '역마충'이라 하여, 직장의 이직이나 직업 전환, 이사와 같은 활동적인 움직임으로 나타날 수 있다.
- 진술충(辰戌沖)과 축미충(丑未沖)은 '화개충'이라 하여, 내면적 변화나 가치관의 전환, 혹은 오래된 흐름을 정리하고 새로운 질서를 세우는 작용으로 나타날 수 있다.

이처럼 지지의 충은 단순한 충돌이 아니라, 삶의 변화를 일으키는 에너지의 방향을 보여주는 신호로, 천간의 충보다 더 세밀하고 깊이 있게 살펴볼 필요가 있다.

자오(子午) 충(沖)	묘유(卯酉) 충(沖)
인신(寅申) 충(沖)	사해(巳亥) 충(沖)
진술(辰戌) 충(沖)	축미(丑未) 충(沖)

지지의 충을 설명하기 위해 한 가지 흥미로운 예를 들어보려 한다. 최근 'K-무속'의 인기가 높아지면서, 무속인이 등장하는 판타지 드라마나 영화가 자주 제작되고 있다. 드라마 〈귀궁〉도 그 중의 한 예일 것이다.

드라마의 한 장면에서 등장인물이 이무기를 제압하기 위해 부적을 쓰는 장면이 나온다. 이무기는 '뱀'과 유사하므로, 뱀을 잡아먹는 돼지 부적을 써야 한다는 설정이다.

이를 명리학적으로 풀어보면, 지지에서 사화(巳火)는 동물로 '뱀'을, 해수(亥水)는 '돼지'를 상징한다. 이 두 글자는 서로 '사해충(巳亥沖)'의 관계로, 즉 뱀과 돼지는 서로 기운이 부딪히는 관계라고 볼 수 있다. 따라서 '돼지 부적으로 뱀의 기운을 제어한다'는 설정은 명리학적 상징 체계로 보면 이해가 되는 표현이다.

물론 이는 어디까지나 드라마의 설정을 명리학적 이론으로 풀어본 예시일 뿐이며, 부적의 효과나 무속적 행위를 인정한다는 의미는 결코 아니다. 앞서 강조했듯, 명리학은 부적이나 주술을 다루는 역술이 아니라, 자연의 이치를 탐구하고 인간의 삶을 이해하는 인문학적 관점에서 다뤄져야 하는 역학(易學)이기 때문이다. 따라서 이러한 예시는 어디까지나 지지충의 개념을 좀 더 쉽게 설명하기 위한 흥미로운 비유로만 받아들여 주길 바란다.

천간과 지지의 관계, 십신(十神)의 종류와 특성

십신(十神), 인생을 비추는 열 개의 기운

명리학에서 십신(十神), 일명 육신(六神)은 매우 중요한 개념이다. 이는 명(命)의 주인인 일간을 중심으로, 나머지 천간과 지지의 7개 글자가 오행의 상생·상극과 음양의 차이를 통해 어떤 관계를 맺고 있는지를 보여준다. 다시 말해, '나'라는 일간을 중심으로 세상을 바라볼 때 부모와 형제, 배우자, 자식 등 자신을 둘러싼 인간관계가 어떤 구조로 이루어져 있는지를 설명해주는 개념이다. 그래서 이를 육친(六親)이라고도 부른다. 흥미로운 점은 명리학이 인간관계를 해석하는 데 있어 '모계 중심의 세계관'을 담고 있다는 것이다.

십신은 먼저 편(偏)과 정(正)으로 나뉜다. 편(偏)은 음양이 한쪽으로 치우쳐 편중되어 있다는 뜻이고, 정(正)은 음양의 조합이 바르게 되어 있다는 뜻이다. 그러나 '편'은 나쁘고, '정'은 좋다는 뜻으로 단정해서는 안 된다. 자연의 이치는 언제나 균형을 중심으로 흐르며, 한쪽으로 치우친 기운이라도 그 나름의 역할과 의미를 지니고 있기 때문이다.

십신은 다시 크게 5개의 쌍으로 이루어진다.

'아(我)·식(食)·재(財)·관(官)·인(印)'을 음양으로 나누어 비겁성(我)에서 '비겁'과 '겁재', 식상성(食)에서 '식신'과 '상관', 재성(財)에서 '편재'와 '정재', 관성(官)에서 '편관'과 '정관', 인성(印)에서 '편인'과 '정인'으로 총 10개로 분류된다.

· 십신의 속성 ·

구분	같은 음양	다른 음양	속성
비겁성(我)	비견	겁재	일간과 같은 오행
식상성(食)	식신	상관	일간이 생(生)하는 오행
재성(財)	편재	정재	일간이 극(剋)하는 오행
관성(官)	편관	정관	일간을 극(剋)하는 오행
인성(印)	편인	정인	일간을 생(生)하는 오행

이러한 십신(비견·겁재, 식신·상관, 편재·정재, 편관·정관, 편인·정인)은 단순한 상징이 아니다. 명마다 타고난 십신의 특성과 상호작용을 분석함

으로써 사고방식과 대인관계, 행동 패턴, 직업적 적성까지도 구체적으로 이해할 수 있다. 어떤 사람은 비견이 강해 독립적이고 리더십이 있으며, 어떤 이는 인성이 강해 배움과 통찰력에서 두각을 보인다. 반면 재성이 강한 사람은 현실 감각이 뛰어나고, 관성이 강한 사람은 조직에서 책임감과 리더십을 발휘할 수 있다.

그러나 자연의 이치가 그러하듯, 사주팔자 여덟 글자 중 어느 한쪽으로 기운이 치우치면 균형이 깨지게 된다. 특정 오행이 지나치게 강하면 그것은 하나의 '병(病)'으로 작용하며, 이때는 자연의 균형을 찾기 위해 다른 오행의 역할이 더욱 중요해진다. 반대로 여덟 글자 중 특정 오행이 아예 없다면, 그 또한 균형이 무너진 상태로 부족한 기운을 채워줄 필요가 있다. 결국 명리학의 핵심은 이러한 기운의 흐름 속에서 "어떻게 균형을 회복하고 조화를 이룰 것인가"에 있다. 그 구체적인 방법과 사례는 PART 4 개운(開運) 편에서 자세히 다룰 예정이다.

십신의 종류와 특성

이제 10개의 십신을 '아(我)·식(食)·재(財)·관(官)·인(印)'의 5개의 축을 기준으로, 핵심적인 특성들을 살펴보자. 십신은 개인의 성격과 심리, 인생의 지향점, 행동 방식, 사회적 지위와 명예, 재물의 흐름, 대인관계의 특성 등을 구체적으로 이해할 수 있는 중요한 단서가 된다.

특히 112페이지에서 다루게 될 격국론(格局論)에서 일간(日干)과 월지(月支)의 관계를 중심으로 격(格)을 결정하게 되는데, 그 명칭이 십신과 유사하므로 여기서는 우선 격(格)의 이름만 함께 살펴보기로 한다.

아(我)

아(我)는 음양이 같고 다름에 따라 비겁(比肩)과 겁재(劫財)로 나뉘며, '결정하는 능력'을 상징한다. 육친으로는 남녀 모두에게 형제·자매를 의미하며, 함께 경쟁하거나 협력하는 관계로 해석된다.

격국론의 관점에서 보면, 일간과 월지의 관계에 따라 비견은 '건록격(建祿格)', 겁재는 '양인격(陽刃格)'이라 부른다. 건록격과 양인격은 다른 격들과 달리 어떤 주어진 길이 명에 있다기 보다는, 스스로의 재능과 결단력으로 본인의 길을 만들어 가는 유형이다.

따라서 사업가나 프리랜서, 변호사, 운동선수 등 다양한 분야에서 본인의 역량과 재주로 세상에 도전하고 결과를 만들어내는 길을 가게 된다.

비견(比肩) : 건록격

비견은 일간과 음양이 같고 오행이 동일한 기운으로, 형제나 친구, 직장 동료, 동업자 등 나와 어깨를 견줄만한 비슷한 관계를 의미한다. 비견이 강한 사람은 대체로 독립심이 강하고 자기주장이 뚜렷하며, 자존심이 높아 리더의 기질을 지닌 경우가 많다.

사주 전체의 기운이 조화를 이루고 있다면, 비견은 협동 정신이 강한 원만한 성격으로 대인관계나 조직에서 중심적인 역할을 한다. 그러나 명이 조화를 이루지 못하면 자기 주장만을 내세워 타인의 의견을 무시하거나, 남과의 경쟁에서 지기를 싫어하는 성향이 강해 불필요한 마찰이나 손해를 초래하기도 한다. 즉, 비견은 '함께 성장하려는 협력의 힘'과 '스스로 길을 개척하려는 경쟁의 에너지'가 공존하는 경향을 보인다.

겁재(劫財) : 양인격

겁재는 일간과 같은 오행이지만 음양이 서로 다른 기운으로, 흔히 경쟁자나 라이벌을 상징한다. 육친으로 보면 이복형제에 해당하며, 남명(男命)에게는 누나나 여동생, 여명(女命)에게는 오빠나 남동생을 의미한다.

겁재가 강한 사람은 비견과 마찬가지로 공격적이고 독립심이 강한 성향을 보인다. 도전 의식이 높고 자기주장이 뚜렷하며, 자존심과 집념도 강하나 겉으로 나타내지 않는 경우가 많다. 자주적인 성향으로 타인의 지시에 따르기보다, 스스로 판단하고 결정하려는 리더형 기질을 보인다.

또한 재물에 대한 관심도 크고, 경쟁 속에서 성장과 성취를 이루려는 경향이 강하다. 다만 때로는 지나치게 직선적이고 과도한 경쟁심으로 인해 갈등이나 손실을 불러올 수도 있다. 그럼에도 불구하고 겁

재는 결단력과 추진력, 냉철한 판단력을 지닌 기운으로, 필요한 순간
에는 과감히 양보할 줄 아는 유연함 또한 갖추고 있다.

식(食)

식(食)은 음양이 같고 다름에 따라 식신(食神)과 상관(傷官)으로 구분
되며, '말 또는 행동에 옮기는 것'을 상징한다. 육친으로 보면 여명에
게는 자식, 남명에게는 장모를 의미한다. 이는 자식을 생(生)하는 어머
니의 존재처럼 일간이 생(生)해내는 기운이다.

여명의 경우, 식상이 '자식'을 의미함은 중요하다. 이런 이유로 일지
(日支)에 식상이 있는 여명은 좀 더 유심히 살펴볼 필요가 있다.

격국론으로 보면, 일간과 월지의 관계에 따라 식신은 '식신격', 상관
은 '상관격'이라 칭한다.

식신(食神) : 식신격

식신은 일간을 설기(洩氣)하는 오행 중 음양이 같은 기운으로, 생활
에 필요한 재물을 얻는 경제활동이 식신이다. 창의적이고 낙천적인 성
격으로, 자신의 기술과 재능을 통해 스스로를 드러내며 주변 사람들에
게 즐거움과 풍요를 전한다.

식신이 강한 사람은 온화하고, 여유롭고, 마음이 풍부하며 낙천적이
다. 풍요로움을 추구하고 타인을 배려하며, 예의범절이 바르고 주변
사람들에게 온정을 베푸는 경향이 있다.

‘식신격’인 사람은 의식주에 필요한 일에 종사하는 사람으로 요리사나 아나운서, 예술가 등의 길을 가게 된다.

상관(傷官) : 상관격

상관은 일간을 설기하는 오행 중 음양이 다른 오행으로, 창의력과 표현력이 뛰어나며 자유롭고 독립적인 성향을 보인다. 비판적이고 분석적이며 혁신과 창의를 중시하나, 때로는 규칙과 전통을 거부하는 편법적이고 개혁적인 면도 강하다.

자신의 생각과 감정을 자유롭게 표현하며, 새로운 아이디어를 창출하는 데도 뛰어나다. 그러나 때로는 지나친 승부욕과 자기표현으로 인해 타인과 갈등을 일으킬 수 있다.

관찰력과 추리력이 뛰어나며 다재다능한 예술적 자질과 뛰어난 언변 능력으로, ‘상관격’인 사람은 강사나 연예인, 기획자 등의 길을 가는 경우가 많다.

재(財)

재(財)는 음양이 같고 다름에 따라 편재(偏財)와 정재(正財)로 나뉘며, ‘행동의 결과’를 상징한다.

육친으로 보면 편재는 여명과 남명 모두에게 아버지를 뜻하며, 여명의 경우에는 시어머니를 의미하기도 한다. 한편 정재는 남명에게는 법적인 아내로 해석된다. 이를 좀 더 풀이해보면 여명에게 ‘관성’은 남편을 의미하는데, 이러한 남편을 생(生)해주는 글자인 '재성'이 시어머니가 되는 것이다.

앞서 명리학이 모계 중심의 세계관을 보여준다고 언급했듯, 사주 통변에 있어 아버지에 대한 해석은 상대적으로 비중이 크지 않은 경우가 많다. 그러나 남명에게 있어 재성이 배우자, 즉 아내를 의미한다는 점은 중요하므로, 그 흐름과 상태를 주의 깊게 살펴볼 필요가 있다.

격국론의 관점에서 보면, 일간과 월지의 관계에 따라 편재는 '편재격', 정재는 '정재격'이라 부른다.

편재(偏財) : 편재격

편재는 일간이 극(剋)하는 오행 중 음양이 같은 기운으로, 활동성과 사업적 재능, 부동산, 증권, 도박 등을 상징한다. 편재는 역마의 기질도 있어 활달하고 외향적인 성격에, 실리적이고 현실적인 감각이 뛰어나고 물질적 욕구도 강한 편이다.

다만 편재의 기운이 지나치면, 안정보다 이익을 중시하는 투기적 성향으로 나타날 수 있다. 정재가 '저축하는 돈'이라면, 편재는 '움직이는 돈'으로 비정상적인 수단을 통해 돈을 벌려는 경향을 보일 수 있으며, 때로는 낭비벽이나 무모한 투자로 인한 손실의 위험을 감수하는 경우도 있다.

탁월한 비즈니스 감각에 활발한 대인관계를 통해 재물을 모으는 능력도 뛰어나, '편재격'인 사람은 무역업자나 사업가, 영업사원 등의 길을 가게 된다.

정재(正財) : 정재격

정재는 일간이 극하는 오행 중 음양이 서로 다른 기운으로, 안정성과 신뢰를 나타낸다. 물질적인 부와 재산을 상징하며, 직장인의 월급이나 장사를 통하여 얻어진 정당한 이윤을 의미한다. 정재가 강한 사람은 성실하고 책임감이 강하며 가정적인 성향으로, 물질적 안정과 실용성, 현실적인 이익을 중요하게 여긴다.

절약과 저축이 생활화되어 있으며, 재물을 중요하게 여기나, 부당한 금전이나 노력한 대가 이상의 재물을 탐하지는 않는다. 무엇보다 약속을 어기는 것을 싫어하며 빈틈없고 정확한 성격으로, 때로는 다소 재미없는 사람으로 보일 수 있다.

재물의 축적과 관리에 능숙하며, 현실적이며 계획적으로 행동하여, '정재격'인 사람은 봉급자나 재무 전문가, 금융인 등의 길을 가는 경우가 많다.

관(官)

관(官)은 음양이 같고 다름에 따라 편관(偏官)과 정관(正官)으로 나뉘며, '결과물이나 관리하는 것'을 상징한다. 인성이 일간을 생(生)한다면, 관성은 일간을 극(剋)하는 작용을 한다.

육친으로는 여명에게 남편이나 애인을, 남명에게 자식이나 후계자를 의미한다. 이를 풀이해보면, 여명에게 재성이 시어머니를 의미하므로, 시어머니가 생(生)해주는 관성은 남편이 된다. 또한 남명에게 재성이 아내를 의미하므로, 아내가 생해주는 관성은 자식이 되는 것이다.

여명에게 관성이 남편을 의미한다는 점은 중요하므로, 여명의 사주를 통변할 때는 관의 향방에 대해 좀 더 유심히 살펴봐야 한다.

격국론의 관점에서 보면, 일간과 월지의 관계에 따라 편관은 '편관격', 정관은 '정관격'이라 부른다.

편관(偏官) : 편관격

편관은 일명 '칠살(七殺)'이라고도 한다. 일간을 극(剋)하는 오행으로 음양이 동일한 기운으로, 통제력과 권위를 의미한다. 경쟁과 도전을 상징하며, 강인하고 혁신적인 성격으로 모험을 즐기고 경쟁심이 강하다.

편관이 강한 사람은 급진적이고 변화를 추구하며, 권위를 통해 상황을 통제하고자 한다. 그러나 기운이 지나치면 때론 공격적이고 충동적이며 경쟁을 두려워하지 않는 성향으로 긴장을 유발할 수 있다. 편관은 의리를 중시하고 기회를 포착하는 눈이 정확하며, 결단력과 추진력이 뛰어나다.

의협심이나 투쟁심이 강하며, 강자에 대항하여 약자를 돕고자 하는 성향으로, '편관격'인 사람은 군인이나 경찰, 법조인 등의 길을 가게 된다.

정관은 일간을 극하는 오행으로 음양이 서로 다른 기운으로, 법과 질서, 도덕과 명예를 중시하며, 책임감과 도덕성이 강하다. 신용을 중시하며 재물이나 실속보다 명예와 신뢰를 더 중요하게 여기는 성향으로, 안정적이고 규칙을 잘 따르며 편법을 멀리하고 원리원칙과 공정함을 지키려 한다.

정관이 강한 사람은 정직하고 신뢰할 수 있는 성격으로, 책임감과 성실함이 돋보이며 가정에 충실하고 조직에서는 리더십과 신중함을 발휘한다. 보수적이고 안정 지향적인 면도 있지만, 다른 십신이 그러하듯, 정관의 기운이 지나치면 자신과 타인에게 지나친 기준을 요구하거나 억압적인 태도로 나타날 수 있다.

'정관격'인 사람은 공직이나 법률 분야에서 두각을 보이기 쉬워, 직업적으로 공무원이나 법조인, 공인 등의 길을 간다.

인(印)

인(印)은 음양이 같고 다름에 따라 편인(偏印)과 정인(正印)으로 구분되며, '생각·계획 하는 것'을 의미한다. 진리를 상징하고 도(道)의 의미를 지니며, 학문과 지식, 자격증과 같은 배움의 성취도 인성에 해당한다. 말하고 행동하기 전에 한 번 멈추어 생각할 줄 아는 내면의 성찰과 침묵해야 할 때 침묵하는 힘도 바로 인성인 것이다.

육친으로는 남녀 모두에게 아(我)인 나를 생(生)해주는 어머니(生母)나 계모(繼母)를 의미한다. 공자가 『역경』에서 인성을 중시했듯, 사주 팔자 여덟 글자에서 인성은 좀 더 중요한 무게감으로 바라볼 필요가 있다.

편인(偏印) : 편인격

편인은 일간을 생(生)해주는 오행 중 동일한 음양의 기운으로, 일명 '올빼미'를 의미하는 효신(梟神) 또는 '밥그릇을 엎는다'는 뜻의 도식(倒食)이라고도 불린다. 편인은 마음먹은 일은 끝까지 밀어붙이는 추진력이 강하며, 예술적인 감각도 뛰어나 비범한 재능을 보이기도 한다. 두뇌 회전이 빠르고 다방면에 재능이 뛰어나나, 때로는 이해 타산이 빠른 면모를 보이기도 하고 다소 고지식한 성향을 드러내기도 한다.

창의적이고 독창적인 성격에 직관이 강하고 자기만의 세계를 중시하는 성향으로, '편인격'인 사람은 언론인이나 작가, 의사 등의 길을 간다.

정인(正印) : 정인격

정인은 일간을 생(生)해주는 오행 중 음양이 다른 기운으로, 보호와 양육, 학문과 교육을 상징한다. 정인은 학자와 선비를 의미하는데 온화하고 지혜롭고 자비로운 성격으로 타인을 배려하며 인정이 많아, 남을 돕고 보호하며 도움을 주는 것을 좋아한다.

배움과 교육을 중시하여 학문과 지식에 대한 탐구심도 강하고, 학습 능력도 뛰어나며 안정된 생활을 추구한다.

정인이 강한 사람은 자비심도 풍부하고 인품과 인정도 두터워 남들로부터 존경을 받는 경우가 많으나, 명에 지나치면 자기 과신으로 자존심이 강하거나 지나치게 이론적인 성향으로 현실을 무시할 수 있다.

양육하는 데 뛰어난 능력을 발휘하고 보호자적 성향이 강하여, '정인격'인 사람은 교수나 선생님, 종교인 등의 길을 가게 된다.

운세론의 핵심,
용신(用神)과 희신(喜神)의 이해

인생의 선장과 부선장, 용신(用神)과 희신(喜神)

백송 선생님은 "용신(用神)을 판단하는 것은 명리학의 꽃이다"라고 늘 강조하셨다. 어떻게 용신을 찾아내고, 그것을 어떤 방식으로 해석하느냐에 따라 명리학적 통찰의 깊이와 내공이 드러난다.

운세론 관점으로 사주를 통변할 때 가장 중요한 핵심은 바로 용신(用神)과 희신(喜神)을 올바르게 판단하는 일이다. 용신은 사주팔자 안에서 명의 중심축을 이끄는 핵심 에너지로, 비유하자면 내 명(命)인 자동차를 조정하는 '운전수'이자, 인생이라는 배를 이끄는 '선장'을 의미한다. 이에 비해 희신은 '부선장'과 같은 존재로, 용신을 도와주는, 생(生)해주는 역할을 하는 오행이다. 즉, 희신은 용신이 자신의 역할을 원활히 수행할 수 있도록 힘을 실어주고, 그 효과를 강화시켜주는 오행이라 할 수 있다.

참고로, 운세론에서 용신과 희신 다음으로 중요한 세 번째 글자를 '한신(閒神)'이라 부르는데, 이 책에서는 용신과 희신에 대한 설명에 집중하기 위해 한신에 대한 설명은 차후로 미루고자 한다.

용신과 희신은 사주팔자 여덟 글자 안에 존재할 때 가장 이상적이며, 특히 일간(日干) 가까이 천간과 지지에 위치할수록 그 기운이 강하다. 반대로 용신과 희신이 여덟 글자 안에 없다면, 인생의 방향이 잡히지 않을 수 있다. 이 경우 지장간에 있거나 대운이나 연운을 통해 들어와야 명이 순탄하게 흘러갈 수 있다. 또한 사주팔자 여덟 글자에 용신이 없을 경우에는, 희신을 차용(借用)해서 용신으로 삼을 수도 있다.

결국 용신과 희신, 더 나아가 한신의 관계를 어떻게 파악하고 해석하느냐가, 명리학에 있어 통변의 정밀함과 깊이를 결정짓는 핵심이라 할 수 있다. 그러나 그 판단은 결코 단순하지 않다. 명리학을 공부하며 가장 많은 시간을 들이고도 좀처럼 손에 잡히지 않는 깨달음이, 바로 용신과 희신이었다. 마치 정상에 피어 있는 꽃, 명리학의 꽃을 바라보며 언젠가 그 향기를 직접 느껴보고 싶다는 마음으로 오랜 시간 인내하며 정진해야만 다가갈 수 있는 공부다.

나 역시 아직 그 이치를 완전히 통달했다고 말할 수 없다. 그만큼 깊은 사유와 통찰이 필요한 영역이다. 이 책의 몇 페이지로 다 설명할 수 없는 이론이기에, 다만 이 장에서는 용신과 희신이 명리학의 통변에서 얼마나 중요한 역할을 하는가를 반복적으로 짚으며 그 무게감을 전하고자 한다.

용신과 희신을 찾는 법, 균형의 중심을 읽다

앞서 강조했듯, 용신과 희신을 판단하는 일은 결코 단순하지 않다. 이는 오랜 시간의 공부와 경험을 통해, 마치 두 발 자전거를 배우듯 어느 순간 스스로 균형을 잡으며 그 깊은 의미를 깨닫게 되는 경지에 이르게 되는 영역이다. 다만 이 책에서는 이해를 돕기 위해, 비교적 간단한 방법을 하나 설명하고자 한다.

사주팔자의 해석은 본질적으로 균형과 조화를 찾아가는 과정이라고 할 수 있다. 따라서 용신을 찾기 위해서는 먼저 일간(日干)을 중심으로 사주 전체의 균형을 살펴볼 필요가 있다.

일간이 자신의 본연한 속성을 유지하고자 하는 것은, 자연의 이치이자 명리학의 핵심이다. 그렇기에 사주팔자 여덟글자에서 과하게 치중된 오행이나 부족한 오행이 무엇인지부터 파악해야 한다.

과한 것은 덜어내어 균형을 잡고, 부족한 기운은 보충하여 일간의 본질이 온전히 유지될 수 있도록 균형점을 찾아주는 오행, 그것이 바로 '용신'이다. 그리고 이렇게 찾아낸 용신이 제 역할을 충분히 발휘할 수 있도록 힘을 더해주고 보조해주는 오행, 그것이 '희신'인 것이다.

이때 반드시 기억해야 할 점이 있다.

"본인 일간 글자 자체는 용신이나 희신이 될 수 없다"는 것이다. 일간은 곧 '나 자신'이기 때문에, 나를 나답게 만들어주는 용신과 희신은 일간 주변에서 찾아야 한다. 만약 내 명에 아쉽게도 용신이나 희신이 보이지 않는다면, 대운이나 연운에서 그 기운이 들어오기를 기다리시거나, 개운(開運)을 통해 그러한 기운을 스스로 보완해야 한다.

예를 들어보자.

사주팔자의 일간이 화(火)인데, 주변에 화의 기운을 제어하는 '관성'에 해당하는 수(水)의 기운이 강하거나, 일간인 화가 극(剋)하는 '재성'인 금(金)의 기운이 지나치게 강하다면, 일간인 화는 자신의 존재감을 제대로 드러내기 어려울 것이다.

이때 화의 기운을 생(生)해주는 '인성'인 목(木)이나, 나와 같은 오행인 '비겁'의 화(火) 기운이 용신이 될 수 있다. 그리고 만약 용신으로 목(木)이 정해졌다면, 명의 구조에 따라 일간의 기운을 더해주는 비겁인 화(火)가 희신이 될 수 있다.

이해가 어렵다면 앞서 살펴본 십신(十神)의 속성을 다시 떠올려보길 바란다. 결국 용신과 희신을 찾는 일은 단순히 오행의 강약을 따지는 계산이 아니라, 일간인 나 자신의 본질을 바로 세우고 명의 균형점을 찾아가는 과정인 것이다.

계절처럼 변하는 운(運)의 중심, 용신과 희신

용신과 희신은 사주팔자 전체의 균형을 유지하고, 운세의 흐름과 개운의 방법을 알려주는 통변의 핵심이라 할 수 있다. 그렇다면 이 용신과 희신은 한 번 정해지면 평생 변하지 않는 고정된 기운일까?

바로 여기에 명리학의 진정한 깊이가 있다.

자연과 우주의 이치가 끊임없이 순환하듯, 용신과 희신 또한 운명론적으로 평생 고정되어 있는 것이 아니다. 대운의 흐름에 따라 그 의미와 작용의 경중이 변화될 수 있다.

예를 들어, 추운 겨울에는 따뜻한 담요가 나의 기운을 북돋아 주며 몸을 보호해주지만, 한여름이 되면 그 담요가 오히려 나를 짓누르며 답답함과 부담으로 작용할 수 있다.

이처럼 대운의 계절이 바뀌면, 나에게 가장 이로웠던 기운인 용신이 그 중요성이 다소 줄어들면서 용신과 희신의 역할이 바뀌기도 한다. 자연의 이치가 계절마다 미묘하게 달라지듯, 우리의 운세 또한 대운과 연운의 흐름에 따라 상대적으로 변화하고 움직이는 유기체인 셈이다.

따라서 용신과 희신을 명확하게 파악해야만 전체 사주팔자의 대운과 연운의 흐름, 그리고 가야 할 '길'과 '때'와 '장소', 심지어는 성격·심리나 적성까지도 올바르게 해석할 수 있다.

용신과 희신은 『적천수』의 운세론에서도 가장 핵심적인 요소로 꼽힌다. 이를 잘못 판단하면, 사주팔자 여덟 글자를 정반대 방향으로 해석하여 누군가의 인생을 잘못된 길로 이끌 수 있다. 그만큼 용신과 희신을 이해하는 데에는 깊은 공부와 꾸준한 수련이 필요하며, 이것이야말로 명리학의 진정한 묘미이자, 통변의 수준을 가르는 결정적인 경계라 할 수 있다.

격국론,
사주의 큰 틀을 읽는 법

격국(格局), 그릇의 품격을 읽다

격국(格局)은 일간의 사회적 활동 공간이자, 그 사람의 대외적인 성향을 보여주는 요소다. 즉, 격(格)은 명(命)의 모양과 짜임새, 틀, 그릇의 크기, 형세를 의미한다.

격국의 성패는 부귀와 빈천의 높낮이를 판단하는데 중요한 부분이 되며, 나아가 직업적 성향이나 성격적 특성에 이르기까지 다방면으로 영향을 미친다. 그러나 용신을 판단하는 일처럼, 격국을 해석하는 것 또한 쉽게 다룰 수 있는 이론이 아니다.

예를 들어 투박한 옹기그릇이 아닌 이조백자처럼 높은 격을 타고난 명이라면, 비록 운세론적 관점에서는 운이 좋지 않아 발복하기 어렵다 하더라도, 그 그릇 자체의 품격은 여전히 변하지 않는다. 마치 금이 간 이조백자라 하더라도 여전히 그 가치를 인정받는 것과 같다.

격국론은 이처럼 그릇의 품격, 곧 격(格)의 고저는 그 값을 한다고 본다. 다만 격국을 정하는 기준은 『자평진전』 이후 오랜 세월을 거치며 다양한 해석이 생겨났다. 그 과정에서 일부 왜곡된 해석과 이론이 현대 명리학에까지 전해지기도 하므로, 격국을 이해하고 판단할 때는 명확한 이론적 토대 위에서 접근해야 한다.

격국의 원리, 월지에서 찾는 명(命)의 틀

격국(格局)에서 '격(格)'은 월지(月支), 일명 월령(月令)의 지장간에서 투출된 오행을 의미하며, '국(局)'은 투출된 오행이 없을 경우, 지지의 삼합 등으로 강한 세력을 이룬 것을 의미한다.

따라서 격(格)을 정하는 방법은 일간과 월지의 생·극 관계를 중심으로 판단하게 되며, 격(格)은 반드시 월지(월령)에서 우선적으로 구해야 한다. 월지에서 투출된 글자가 없을 경우에만, 전체 사주팔자 여덟 글자를 종합적으로 살펴 격을 정하게 된다.

격국은 기본적으로 월지의 본기(本氣, 정기), 즉 지장간의 마지막 글자가 천간에 투출된 경우, 그 글자로 격을 정한다.[4] 만약 월지에서 본기가 투출되지 않았다면, 초기(初氣, 여기)와 중기(中氣)에 투출된 글자 중에서 강한 기운을 격으로 삼는다. 다만 예외적으로 월지가 '자(子)·오(午)·묘(卯)·유(酉)'인 경우에는 투출된 글자가 없더라도, 월지의 글자 자체를 격으로 삼을 수 있다. 또한 월지에서 투출된 오행이 전혀 없을 때에는, 사주팔자 여덟 글자 중에서 가장 강한 기운의 오행을 격으로 삼게 된다.

이처럼 격국을 정하는 방법은 기본 이론 외에 명의 전체 구조에 따라 예외적인 판단이 요구되기 때문에, 운세론의 용신을 이해할 때처럼 깊은 공부가 필요하다.[5]

일간과 격의 관계에 따라 앞서 십신(十神)편에서 살펴본 바와 같이, 10가지 격(格)으로 구분할 수 있다. 즉 일간과 월지가 비겁의 관계일 경우에는, 건록격(음양이 같을 때)과 양인격(음양이 다를 때)으로 나뉜다. 식상의 관계에서는 식신격(음양이 같은 때)과 상관격(음양이 다를 때), 재성의 관계에서는 편재격(음양이 같을 때)과 정재격(음양이 다를 때), 관성의 관계에서는 편관격(음양이 같을 때)과 정관격(음양이 다를 때), 인성의 관계에서는 편인격(음양이 같을 때)과 정인격(음양이 다를 때)으로 구분된다.

---

4   지장간은 크게 초기(여기), 중기, 본기(정기)로 구성된다. 초기는 지난 달의 정기가 남아 있는 시기이며, 중기는 초기에서 본기에 이르는 중간기이며, 본기는 그 달의 본래 오행의 기운이 가장 왕성한 시기이다.

5   명리학에서 흔히 말하는 용신(用神)은 대부분 '운세론'의 용신을 뜻한다. 따라서 이 책에서 격국론을 설명할 때는 혼동을 피하고자 '용신'이라는 용어는 다루지 않겠다.

격국, 어디서부터 볼까? : 사례로 배우는 첫걸음

격국을 정하는 방법을 이해하기 위해 하나의 예를 살펴보자.

일간이 경금(庚金)이고 월지가 미토(未土)인 다음과 같은 사주팔자가 있다고 가정해보자. 이때 월지인 미토의 지장간에는 초기에 정화(丁火), 중기에 을목(乙木), 본기에 기토(己土)가 들어있다.

앞서 설명했듯, 격국을 정할 때는 지장간의 본기를 최우선으로 보는데, 시간(時干)에 기토(己土)가 투출해 있다. 따라서 이 명은 투출된 기토(己土)가 일간인 경금(庚金)과 '정인'의 관계에 있으므로, 정인격이 된다.

		시주 (기묘)	일주 (경자)	월주 (계미)	년주 (경오)
천간		정인	일간(나)	상관	비견
		己	庚	癸	庚
지지		卯	子	未	午
		정재	상관	정인	정관
지장간	초기	甲	壬	丁	丙
	중기	·	·	乙	·
	본기	乙	癸	己	丁

실제 사주팔자 여덟 글자를 다루는 첫 사례이다보니, 설명이 다소

어렵게 느껴질 수 있다. 먼저 PART 1 지지(地支) 편에서 각 지지의 지장간을 되짚어 보고, 이어 PART 2 십신(十神) 편을 다시 읽으며, 일간과 나머지 7개 글자 사이의 관계를 살펴보길 바란다.

격(格)을 결정하는 과정은 단순한 이론으로만 해석되기는 어렵다. 특별한 명의 경우에는, 일반적인 격국 이론에서 벗어나 보다 통합적인 관점에서 해석해야 한다.

특히 격국론의 해석은 천간과 지지의 상생과 상극 관계에 따라 격의 성향이 달라질 수 있다. 또한 대운의 흐름에 따라 특정 시기에는, 본래의 격이 일시적으로 다른 격으로 변하여 운세에 영향을 미치기도 한다. 따라서 용신과 마찬가지로, 격국론의 격(格) 역시 평생 하나의 격으로만 산다고 볼 수 없다. 이처럼 격국론의 변화무쌍한 흐름은 우주와 자연의 순환 이치와 맞닿아 있으며, 그 속에서 명리학 공부의 깊이가 더해진다.

이 책은 명리학에 관심을 가진 일반 독자들을 위한 대중교양서적이라는 집필 방향에 맞추어, 격국론의 복잡한 세부 이론보다는 기본 개념과 핵심 용어 중심으로 내용을 정리하였다. 보다 심화된 격국론의 내용은 PART 3부터 PART 5까지 이어지는 실제 사주 사례의 해석에서 각 명의 구조와 흐름에 맞추어 기회가 될 때마다 구체적으로 살펴보겠다.

조후론,
계절과 명(命)의 조화

조후론, 사계절의 이치로 읽는 인생의 균형

조후론(調候論)은 자연의 이치인 사계절, 즉 봄·여름·가을·겨울의 특성에 따라 부족한 오행을 보충해 기운의 균형을 맞추는 데 중점을 두는 이론이다. 이때 목·화·토·금·수 오행 중 토(土)는 계절과 계절을 이어주는 간절기의 기운으로, 각 계절의 끝자락마다 토의 힘이 강해진다.

운세론이 주로 재물을 중심으로 사주를 해석한다면, 조후론은 그 명의 운세 뿐만 아니라 성격, 심리, 건강, 대인관계 등 인생 전반의 조화와 가치관에 대한 의미 있는 해석을 제공한다. 즉, 조후론은 인간을 둘러싼 우주적 질서 속에서 그 명이 얼마나 자연의 균형과 조화를 이루는가를 중시한다.

조후론과 운세론은 서로 별개의 이론으로, 명의 구조와 운의 흐름에 따라 명의 주인이 삶의 어느 시기에 있는가에 따라 그 통변이 달라질 수 있다. 예를 들어 운세론적으로는 재물운이 약한 시기라 하더라도, 조후상으로는 균형을 맞추는 좋은 글자가 들어올 수 있다. 이 경우 금전적으로 큰 돈을 벌지 못하더라도, 마음이 편안해지고 삶의 행복감이 커질 수 있다.

결국 사주팔자 여덟 글자와 대운에 따라 운세론과 격국론, 조후론은 각각의 의미와 비중이 달리 해석될 수 있다. 따라서 명리학의 통변은 어느 한 이론에 치우친 단편적인 해석이 아니라, 전체를 아우르는 통합적 관점에서 '명(命)의 그림'을 그려야 한다.

사계절로 읽는 조후의 원리

조후론을 구체적으로 이해하기 위해 봄·여름·가을·겨울의 계절별 특성을 요약하고, 특히 봄과 가을은 실제 사주 사례로 계절의 기운과 조후의 원리를 살펴보기로 하자.

봄(춘분에서 청명 전까지)

봄은 목(木)의 기운이 강한 계절로, 봄에 태어난 목은 춘목(春木)으로 자신의 계절을 만나 힘이 있다. 반면 봄에 태어난 목은 아직 겨울의 찬 기운이 남아있기 때문에, 화(火)로 따뜻하게 해서 생육을 도와 줘야 한다.

춘목은 또한 양기가 커지는 시기이기 때문에, 적당한 수(水)가 필요하다. 수(水)와 화(火)가 조화를 이뤄 수화기제(水火旣濟)를 이루게 되면 좋다.

한편 목(木)이 지나치게 강한 명은 금(金)으로 다스려 목의 기운을 조절해야 편안해지는데, 이를 금목상잔(金木相殘)이라 부른다. 목(木)과 화(火)가 조화를 이루면 목이 똑바로 나아갈 수 있듯이, 목(木)과 금(金)이 조화를 이루면 삶이 아름다울 것이다.

봄에 태어난 목(木) 일간

50대 사업가 J씨는 새해의 첫 번째 절기이자 봄의 시작을 알리는 입춘(立春)을 지나 2월 인(寅)월에 태어난 명이다. 목국(木局)을 이루는 묘(卯)월이나 진(辰)월에 비해 겨울의 찬 기운이 많이 남아있는 인(寅)월에 태어나 화(火)의 기운이 더욱 필요하다.

갑술(甲戌) 일주로 지지에 '재성'인 술토(戌土)와 축토(丑土)를 깔고 있어, 갑목(甲木)에게 필요한 토(土)가 든든히 받쳐주고 있다. 또한 지지에 '인성'인 해수(亥水)가 있고, 갑목을 다스려줄 '관성'에 해당하는 금

(金)이 천간에 있어, 사회적으로 성공한 부와 지위를 누리며 살아가고 있다. 그러나 운세론이나 조후론적으로 귀한 화(火)가 사주팔자 여덟 글자에 없어 매우 아쉬움이 큰 사주다. 따라서 PART 4에서 설명하듯, 운을 끌어올리려면 화(火)를 적극적으로 찾아야 한다.

	시주 (을축)	일주 (갑술)	월주 (경인)	년주 (신해)
천간	겁재	**일간(나)**	편관	정관
	乙	甲	庚	辛
지지	丑	戌	寅	亥
	정재	편재	비견	편인

사주팔자 여덟 글자를 다소 깊이 있게 다루는 첫 사례이다 보니, 다소 어렵게 느껴질 수 있다. 억지로 머리로 외우기보다, 주변 자연과 계절의 모습을 떠올리며 함께 생각해 본다면 좀 더 쉽게, 그리고 깊게 이해할 수 있을 것이다.

여름(입하에서 망종 전까지)

여름은 화(火)의 기운이 강한 계절로, 여름에 태어난 화(火) 역시 자신의 계절을 만나 왕성하다. 화의 기운이 강해 수(水)로 조절하는 것이 우선이며, 토(土)를 만나 화의 기운이 설기되어 균형을 이루면 하고자 하는 일이 순탄하게 해결될 수 있다.

강한 목(木)을 만나면 가정이나 직장, 건강에 안 좋은 일이 일어나며, 삶이 불리해질 수 있다. 반면 적당한 금(金)을 만나면 좋은 결실을 맺을 수 있다.

가을(입추에서 한로 전까지)

가을은 금(金)의 기운이 강한 계절로, 가을에 태어난 금(金)은 매우 강력한 힘을 가지고 있다. 금이 강하면 목(木)으로 절제하고, 화(火)로서 금을 제련하여야 결과를 만들어낼 수 있다.

관성에 해당하는 화(火)를 보면 사회적으로 성공할 수 있고, 재성에 해당하는 목(木)을 보면 재물을 취할 수 있다. 그러나 토(土)가 너무 많으면, 자신의 능력이 묻혀 금이 빛을 내지 못해 운을 펼치기 어려울 수 있다.

가을에 태어난 금(金) 일간

50대 가정주부 P씨는 경오(庚午) 일주로, 밤과 낮의 길이가 같아진다는 추분을 지나 한로 전인 10월 초순 유(酉)월에 태어났다.

경금(庚金)이 겁재인 유금(酉金)을 얻어 금의 기운이 강한 명으로, 화(火)로 금을 제련하여야 한다. 다만 재성에 해당하는 목(木)이 사주팔자 여덟 글자에 없어, 강한 금을 다스리거나 귀한 화(火)를 생(生)해주는 기운이 없어 아쉬운 명이다.

다만 사십대부터 시작된 목국(木局) 대운으로 운세론과 조후론 측면에서 재성인 귀한 목(木)의 기운이 들어오면서 주식 등 재테크가 잘 풀리고 있다. 그 덕분에 경제적으로나 정서적으로 삶이 한층 더 여유롭고 윤택한 흐름을 맞이하고 있다.

	시주 (계미)	일주 (경오)	월주 (신유)	년주 (계축)
	상관	**일간(나)**	겁재	상관
천간	癸	庚	辛	癸
지지	未	午	酉	丑
	정인	정관	겁재	정인

겨울(입동에서 대한 전까지)

겨울은 수(水)의 기운이 강한 계절로, 화(火)와 토(土)를 보충하여 수의 기운을 조절해야 한다. 수가 너무 강하면 화(火)로서 따뜻하게 하고, 토(土)로 '토극수(土剋水)'하여 오행의 균형을 맞추게 된다.

특히, 조후적으로 한난조습(寒暖燥濕)이 깨진 '차갑고 습한 명'은 절대적으로 화(火)가 필요하다.

이제까지 PART 1과 PART 2에서 살펴본 기본 이론은 한 사람의 사주팔자가 어떻게 어우러지는지 보여 주는 작은 등불이 될 것이다. 이제 그 등불을 들고 우리 삶의 풍경 속으로 한 걸음 나아가, 실제 사례들을 따라가며 사주팔자 여덟 글자가 '때'와 '장소', 그리고 '가야 할 길'을 찾아가는 모습을 찬찬히 확인해 보자.

사람을 읽고 관계를 맺는 명리학

명운의 길을 이끄는 인간관계의 꽃, 궁합(宮合)

누구와 함께 걷느냐가 명운(命運)을 만든다

우리는 평생을 살아가면서 결코 혼자만으로는 완전할 수 없다. 결국 사람들과 관계를 맺고 어울리며 살아야 한다. 문제는 누구와 관계를 맺느냐에 따라 그 사람의 인생과 가치관, 나아가 재물운과 성격·심리까지도 크게 달라진다는 점이다.

평생 모은 700억 원이 넘는 재산을 카이스트(KAIST)에 기부하며 화제가 되었던 이수영 이사장은 부자가 되는 4가지 비밀 중 하나로 "믿을 수 있는 친구를 곁에 두어라"라고 강조하셨다. 혼자서는 결코 멀리 갈 수 없으니, 부자가 되기 위한 긴 여정을 걸어가기 위해 반드시 곁에 신뢰할 수 있는 동반자가 필요하다는 뜻이다.

그렇다면 과연 '믿을 수 있는 친구'는 어떻게 알아볼 수 있을까?

子曰:「道不同, 不相爲謀」
공자 왈, "도가 같지 않으면 함께 도모할 수 없다."

『논어·위령공』39장

여기서 공자가 말하는 '도(道)가 같다'는 것은 결국 선과 악, 바름과 그릇됨을 분별하는 사람의 됨됨이를 뜻한다. 명리학적으로 보면, 이는 같은 곳을 바라보며 함께 길을 걸어갈 수 있는 사람들 사이에 흐르는 보이지 않는 우주적 에너지라 할 수 있다. 우리는 이를 궁합(宮合)이라 부른다.

이는 단지 남녀 간의 인연만을 의미하지 않는다. 궁합은 부모와 자식 간의 끈끈한 유대 관계, 회사에서는 상사와 부하 간의 원활한 소통 관계, 함께 사업을 도모하고자 하는 동업자들 간의 신뢰 관계, 그리고 마음을 나누는 동성 친구들 간의 깊은 교감까지 모두를 아우르는 포괄적인 개념이다. 겉으로는 우연처럼 보이는 이러한 모든 인간관계도, 실은 보이지 않는 전생의 인연과 서로의 도(道)가 같은 음양오행의 방향과 운의 흐름 속에 이어졌기 때문에 가능했다.

어느 대기업 회장이 직원을 채용할 때마다 사주팔자를 확인했다는 이야기는 명리학의 깊이를 이해하는 사람이라면, 단순한 풍문으로만들리지 않을 것이다. 이는 우주의 흐름 속에서 인간의 성향과 조화를 살피려는 나름의 통찰이자, 삶의 지혜가 담긴 하나의 경영 철학으로 볼 수 있다.

부모와 자식 관계는 천륜(天倫)이라 불리듯 하늘이 정해준 인연이라면, 연애나 결혼 상대자, 혹은 함께 길을 걸어갈 동업자의 선택은 우리가 스스로 결정할 수 있는 인생의 중요한 인간관계다.

따라서 타고난 사주팔자 명운의 그림대로 살아가기 위해서는, 인생의 길목마다 마주하게 되는 사람들과의 에너지의 방향과 조화를 살펴볼 필요가 있는데, 이것이 궁합의 본질이다.

결국 어떤 사람을 만나느냐에 따라 우리의 명운(命運)은 달라질 수 있다. 사주팔자의 흐름 속에 다소 불리한 흉운을 마주하더라도 좋은 짝을 만나고, 신뢰할 수 있는 동업자와 함께하며, 덕망 있는 상사나 선배를 만난다면 그 운의 흐름은 바뀔 수 있다.

이처럼 인간관계의 중요성은 오래전부터 다양한 학문과 연구의 주제가 되어 왔다. 궁합 역시 단순한 공식이나 일률적인 기준으로 설명될 수 없다. 흔히 "4살 차이는 궁합도 안 본다"라는 속설처럼, 남녀 간의 궁합을 단순히 태어난 띠로만 보는 것은 매우 위험한 판단이 될 수 있다.

그렇다면 명리학에서 궁합을 통변할 때 가장 중요한 기준은 무엇일까?

사주팔자 명의 구조에 따라 여러 요소를 복잡하고 세심하게 따져야 하나, 궁합의 좋고 나쁨을 결정짓는 핵심은 궁합을 보는 두 사람의 용신(用神)과 희신(喜神)의 유사점을 살피는 것이다.

용신과 희신의 오행이 같다는 것은 변화무쌍한 자연의 흐름에서 같은 계절을 살아가며 비슷한 시기에 꽃을 피우고, 같은 곳을 바라보며 그 길을 걸어간다는 것을 의미한다. 특히 운이 좋은 '때'에, 발복하는 '장소'에서 서로를 만난다면, 그 인연은 더욱 귀하고 소중한 만남이 될 가능성이 높다.

특히 궁합을 이야기할 때 "나에게 없는 오행을 가진 상대와 만나면, 궁합이 좋지 않나요?"라며 묻는 경우가 많다. 물론 나에게 부족한 오행을 상대방이 지니고 있다면 본능적으로 매력을 느낄 수 있다. 그러나 이것이 곧 좋은 궁합을 의미하는 것은 아니다. 나에게 부족한 오행을 채워 균형을 맞출 수 있는 경우도 있으나, 궁합의 가장 중요한 핵심은 두 사람의 '용신'과 '희신'의 관계임을 잊지 말아야겠다.

궁합의 핵심, 용신과 희신의 유사성

궁합의 저울을 다는 것은 그리 단순하지 않다. 그러나 궁합의 핵심인 용신과 희신의 중요성을 설명하기 위해 실제 사례를 살펴보자.

50대인 여명 J씨는 을해(乙亥) 일주로, 화(火)를 용신으로 쓰고 토(土)

를 희신으로 쓰는 명이다. 특히 귀한 편관인 월지의 유금(酉金)이 묘목(卯木)과 '묘유충'을 이루고 있어 아쉬움이 큰 사주다.

20대에 접어든 시기, J씨의 대운은 수국(水局)이었다. 신강한 을목(乙木) 일간인 그녀에게는 불리한 흐름이었고, 실제로 그 시절 좋지 않은 인연을 만나 초혼에 실패했다.

이혼 이후 J씨는 프리랜서 통역 일을 하며 지내던 중, 우연한 기회로 해외 대사관에 직원으로 파견을 나가게 되었다. 마침 이때가 희신인 토(土)의 기운이 강하게 들어오는 기축(己丑) 대운이 막 시작되던 시기였다. J씨에게 강한 희신 대운이 들어오면서 그동안 막혀 있던 흐름이 하나둘씩 풀리기 시작했고, 용신의 기운이 강한 해외의 한 나라에서 소중한 인연을 만나게 된다. 그렇게 사십대에 지금의 남편과 재혼하며 새로운 삶의 장을 열게 되었다.

	시주 (정해)	일주 (을해)	월주 (을유)	년주 (을묘)
	식신	일간(나)	비견	비견
천간	丁	乙	乙	乙
지지	亥	亥	酉	卯
	정인	정인	편관	비견

흥미롭게도 J씨의 남편 또한 화(火)를 용신으로 쓰고, 토(土)를 희신으로 쓰는 명이다. 다시 말해 이 부부는 같은 오행의 용신과 희신을 가지고 있다. 일반적으로 이성이나 동성 관계를 막론하고 궁합을 볼 때. 서로의 용신과 희신이 같다면 좋은 궁합이라 본다. 실제 부부들의 궁합에서 이처럼 서로의 용신과 희신이 동일하게 일치하는 경우는 매우 드물다. 덕분에 이들 부부의 궁합 점수는 높다.

더 관심을 끄는 것은, J씨와 남편이 같은 을해(乙亥) 일주라는 점이다. 궁합만 놓고 보면, 같은 일주는 서로 비슷한 성향과 기질을 보이기 때문에 처음에는 자신과 닮은 상대방에게 호감을 느끼며, 이해하는 폭도 넓어질 수 있다. 그러나 결혼생활이 길어질수록 서로의 부족한 부분을 보완하기보다는 비슷한 성향이 부딪히며 오히려 관계가 틀어지기 쉽다.

균형을 중시하는 명리학의 관점에서 보면, 같은 일주는 궁합의 점수를 매길 때 점수가 깎일 수 있다. 그럼에도 불구하고 J씨와 남편은 각자에게 희신의 좋은 기운이 들어오는 '때'에, 용신의 기운이 강하게 작용하는 '장소'에서 만나 부부의 인연을 맺었다.

여기에 더해 공망(空亡)까지 같다 보니, 서로의 마음이 쉽게 통하게 되었고 전생의 인연까지 깊어 궁합의 점수는 올라간다. J씨와 남편은 같은 일주이기에 공망도 신유(申酉)로 같아, 말 그대로 하늘이 맺어

준 인연이라 할 만하다. 실제로 두 사람은 결혼 10년이 훌쩍 지난 지금도 여전히 연인처럼 금슬 좋게 지내며, 주변의 부러움을 한몸에 받고 있다.

하늘이 맺어준 인연, 공망(空亡)

여기서 잠깐 공망(空亡)에 대해 간단히 짚고 넘어가자.

공망(空亡)이란 '공허하다, 무력하다, 인연이 약하다'라는 의미로 일주(日柱)를 기준으로 정해진다. 10개의 천간과 12개의 지지가 짝을 이루는 과정에서 2개의 지지가 짝을 이루지 못하고 남게 되는데, 이 2개의 글자를 공망(空亡) 또는 순공(旬空)이라 부른다.

공망에 대한 이론도 살펴볼 내용이 많기에, 여기서는 복잡한 설명은 생략하고 궁합의 관점에서만 다루고자 한다. 공망이 같으면 부부 사이의 인연이 깊다고 본다. 또한 친구나 동료 등 대인관계에서도 공망이 같으면 쉽게 통할 수 있다. 따라서 일지의 공망이 같은 경우, 전생의 인연이 깊다고 보아 궁합의 점수가 올라간다.

여명의 결혼운,
관성(官星)의 향방을 봐라

사주팔자의 통변에서 비교적 단순한 이론적 논리로 풀어낼 수 있는 것 중 하나가 바로 '결혼운'이다.

"언제쯤 결혼을 할 수 있을까요?"라는 질문은 남녀를 불문하고, 특히 결혼에 관심이 많은 20대와 30대 젊은 세대에게는 늘 중요한 관심사가 아닐 수 없다.

결혼운을 보는 한 가지 방법은 천간의 일간(日干)이 합(合)을 이루는 해를 살피는 것이다. 남명이던 여명이던 관성(官星)의 글자가 들어와 일간과 합을 이루는 시기라면, 결혼운이 강하게 들어온다고 본다. 여기서 묘한 자연의 이치는 일간이 합을 이룰 때 결혼으로 이어질 수도 있지만, 다른 경우에는 또 다른 이성과 합이 되어 바람을 피우거나 심지어 이혼으로 이어질 수도 있다는 사실이다.

일간이 관성을 만나 합을 이룬 결혼운

늦은 나이에 결혼한 여명 K씨는 정화(丁火) 일간으로 사주팔자 여덟 글자에 남편, 즉 남자를 의미하는 관성(官星)인 수(水)가 없는 명이다. 실제로 그녀는 평소 주변 사람들에게 자신은 '비혼주의'라고 선언하듯 밝히며, 결혼할 생각은 없고 대신 연애만 하겠다고 자주 말하곤 했다.

	시주 (병오)	일주 (정미)	월주 (기묘)	년주 (경신)
	겁재	일간(나)	식신	정재
천간	丙	丁	己	庚
지지	午	未	卯	申
	비견	식신	편인	정재

그녀의 대운을 살펴보면, 초년부터 사십대 후반까지 30년 동안 수국(水局)이 이어진다. 이 시기에는 명에서 귀한 관성인 수(水) 기운이 대운으로 들어와 운의 흐름을 잡아주었다. 실제로 그녀는 을해(乙亥) 대운의 좋은 흐름 위에서, 연운 또한 임인(壬寅)년으로 좋은 글자가 들

어오는 해에 지금의 남편을 만나 연애를 시작했다. 이때 일간인 정화(丁火)와 연운의 임수(壬水)가 '정임합'을 이루었고, 그 기운을 타고 길지 않은 연애 끝에 결혼으로 이어졌다.

흥미로운 사실은 이런 흐름이 더 이른 시기에도 비쳤다는 점이다. 그녀가 이십대 초반 젊은 시절에 오랜 연애를 이어온 적이 있는데, 연인으로 발전한 해 역시 임오(壬午)년이었다. 그때에도 일간인 정화(丁火)가 정관인 임수(壬水)와 '정임합'을 이루며 사랑이 싹텄다. 다만 그 무렵의 대운은 정축(丁丑) 대운으로 '관성'의 기운이 약해 인연이 깊어지지 못했고, 결국 결혼으로 연결되지는 못했다.

여명의 사주에서 일간(日干)과 천간의 '관성' 글자가 합(合)을 이룰 때 인연의 끈이 단단해져 결혼으로 연결될 수 있음을 보여주는 사례다. 다만 대운의 흐름에 따라 일간이 같은 '합'을 이루더라도 때로는 결혼으로, 때로는 스쳐 지나가는 인연으로 이어지기도 한다. 이처럼 오묘한 하늘의 이치는 명리학에서 '때'가 왜 중요한지를 다시금 일깨워 준다.

남명의 결혼운,
재성(財星)의 향방을 살펴라

여명의 결혼운에서 '관성'의 향방이 중요한 역할을 한다면, 남명의 결혼운은 어떤 십신을 살펴봐야 할까? 앞서 설명했듯, 남명에게 '재성'은 여자를 의미한다. 따라서 남명의 일간이 재성과 합을 이루는 시기에, 좋은 인연을 만나 결혼으로 이어질 가능성이 높다. 물론 여명에게 관성운이 그러하듯, 남명에게 재성운이 온다고 해서 반드시 결혼으로 이어지는 것은 아니다. 때로는 재성운이 아니라 용신이나 희신운이 들어오는 때에, 좋은 인연을 만나 결혼으로 이어지기도 한다.

일간이 재성을 만나 합을 이룬 결혼운

30대 후반에 결혼한 남명 K씨는 임자(壬子) 일주다. 일간의 임수(壬

水)와 시간의 정재 정화(丁火)가 명에서 이미 '정임합'을 이루는 사주 구조를 타고 태어났다.

	시주 (정미)	일주 (임자)	월주 (계축)	년주 (임술)
천간	정재 丁	**일간(나)** 壬	겁재 癸	비견 壬
지지	未 정관	子 겁재	丑 정관	戌 편관

조후적으로 차갑고 습하다 보니, 화(火)를 용신으로 쓰는 명이다. K씨가 결혼한 해는 기해(己亥)년으로, 당시 그의 대운은 정사(丁巳) 화국(火局)이었다. 임수(壬水) 일간인 K씨는 정사(丁巳) 대운에서 정재에 해당하는 정화(丁火)와 '정임합'을 이루었고, 마침 연운마저 정화(丁火)가 들어오는 정유(丁酉)년에 지금의 아내를 만나게 되었다.

일간이 재성인 정화(丁火)와 강하게 합을 이루는 시기였기에 결혼으로 이어진 것이다. 즉, K씨는 본인의 명에서도 일간이 재성과 합을 이루는데, 여기에 재성의 기운이 강하게 들어온 정사(丁巳) 대운에, 연운마저 정화가 겹치는 정유(丁酉)년으로 강하게 '정임합'이 되면서 결혼운이 한층 강하게 발현되었다. 특히 이 시기가 K씨에게 발복의 기운을 주는 화국(火局)의 용신 대운이었기에, 말 그대로 '천생연분'이라 부를 만한 인연을 만나 결실을 맺게 된 것이다.

흥미롭게도 K씨 아내의 사주 역시 임자(壬子) 일주였다. 결혼할 당시 그녀의 대운은 무진(戊辰)으로, 무토(戊土)와 진토(辰土)는 남편을 의미하는 '관성(官星)'에 해당한다. 대운에서 관성운이 천간과 지지로 강하게 들어왔고, 정유(丁酉)년에 일간인 임수(壬水)가 정화(丁火)와 '정임합'을 이루며, 부부의 인연이 강하게 이어진 것이다.

물론 K씨 부부는 같은 임자(壬子) 일주로, 고집 세기로 유명한 간지동(壬子) 일주에 해당한다. 그래서 각자의 주관이 뚜렷하고 본인의 주장이 강해 궁합의 점수만 놓고 보면, 다소 점수가 떨어진다. 그러나 앞선 사례처럼 같은 일주이기에 공망도 인묘(寅卯)로 같아, 하늘의 인연 또한 깊다. 무엇보다 두 사람 모두 화(火)를 용신으로 쓰는 명이다 보니, 궁합의 점수가 올라가 결과적으로 궁합으로 보면 좋은 인연이었다.

두 사람이 공유한 간지동 일주는 강력한 공감대를 만들며 서로에게 든든한 끈이 되어줄 수도 있지만, 동시에 같은 고집을 낳기도 한다. 이런 간지동 일주의 특성을 다음 〔명리 Note〕에서 잠깐 살펴보자.

고집 센 8대 고집, 간지동 일주

노자는 "구부러지면 온전하다"고 했다. 인생이 지나치게 곧기만 해서는 안 되며, 때로는 구부러질 줄 알아야 성공하고 뜻을 이룰 수 있다는 의미다. 폭우가 거세게 몰아칠 때 곧은 소나무는 바람에 맞서 부러지지만, 버드나무는 바람에 흔들리며 휘어질지언정 꺾이지 않고 버텨낸다.

우리의 인생도 이와 같다. 때로는 한 발 물러나 내 뜻을 양보하고, 유연하게 흔들리는 바람에 순응하며, 주변의 소리에 귀 기울이며 나를 굽힐 수 있어야 한다. 그러나 우리의 인간관계를 돌아보면, 머리로는 이해하면서도 항상 현명하게 대처하기는 쉽지 않다. 편견과 의심, 시기심에 휘둘려 쉽사리 본인의 고집을 꺾지 못하는 경우가 많다.

명리학에서는 이러한 성향을 일주(日柱)에서 읽을 수 있다. 일주는 사주팔자 4개의 기둥 가운데 '명의 주인'을 가장 잘 드러내는 핵심 기둥이다. 일주는 천간의 10개 글자와 지지의 12개 글자가 어우러져 만들어지는 육십갑자(六十甲子), 즉 60개의 일주로 구분된다.

그 가운데 명리학에서 '8대 고집 센 일주'로 알려진 간지동(干支同) 일주가 있다.

'갑인(甲寅), 을묘(乙卯), 무진(戊辰), 기미(己未), 무술(戊戌), 기축(己丑),

경신(庚申), 신유(辛酉)' 일주가 그것이다. 이들은 천간과 지지가 같은 오행으로 이루어져 있으며, 음양도 같다. 일간인 나 자신과 같은 성향의 글자를 일지에 깔고 있어, 나와 같은 편으로 단단히 결속되어 있는 구조라 보면 된다.

· 간지동 일주 ·

일간	갑 (甲)	을 (乙)	무 (戊)	기 (己)	무 (戊)	기 (己)	경 (庚)	신 (辛)	임 (壬)
일지	인 (寅)	묘 (卯)	진 (辰)	미 (未)	술 (戌)	축 (丑)	신 (申)	유 (酉)	자 (子)

한편 '병오(丙午), 정사(丁巳), 임자(壬子), 계해(癸亥)' 일주는 천간과 지지가 같은 오행이나 음양이 다른데, 앞선 8개의 간지동 일주와 더불어 고집이 강한 일주로 꼽힌다. 특히 임자(壬子) 일주는 음양이 같지 않음에도 불구하고, '8대 고집 센 간지동 일주'와 함께 언급된다.

물론 간지동 일주라고 해서 모두 고집이 센 것은 아니다. 간지동이라도 일간이나 일지의 합·충에 따라, 음양오행과 조후의 균형에 따라 ,때로는 대운이나 연운의 흐름에 따라그 성향은 다르게 나타날 수 있다. 다시 말해 사주팔자 여덟 글자의 전체 구조에 따라, 그 기질의 경중은 달라지게 된다.

간지동 일주를 가진 사람은 대체로 자기주장이 강하고 추진력이 뛰어나지만, 한편으로는 외골수적이고 고집이 센 성향을 보인다. 의리가 깊은 면이 있으나, 한 번 원한을 품게 되면 복수심도 강한 편이다. 특히 사주팔자 명의 주인인 일간을 극하는 '관성'의 글자가 나머지 글자에 없다면, 자신만의 편협한 생각에 치우쳐 생각하고 행동할 수 있으니 유심히 살펴볼 필요가 있다.

앞서 강조했듯, 궁합을 볼 때는 무엇보다 '용신'과 '희신'을 중심으로 여러 요소를 종합적으로 고려하여 해석해야 한다. 따라서 간지동 일주라는 이유만으로 결혼 상대자로 좋다, 나쁘다를 단정 지을 수는 없다. 다만 이러한 특성으로 인해 연애를 할 때는 뚜렷한 개성과 매력으로 강하게 끌릴 수 있지만, 서로의 배려와 양보가 필요한 결혼 생활을 유지하기 위해서는 그만큼 더 의식적인 노력이 필요하다. 이런 이유로 궁합의 저울을 달 때, 간지동 일주는 상대적으로 다소 점수가 떨어지는 편이다.

영화 「궁합」 속 인물로 보는 사주 해석

명리학을 공부하다 보면 흥미롭게 느껴지는 삶의 이치가 있다. 사람들은 명리학의 이론을 알지 못하더라도, 알 수 없는 우주의 기운에 이끌려 자신에게 주어진 길을 찾아가고, 그 길에서 인연을 만나며 살아간다는 점이다.

2018년에 개봉한 영화 『궁합』도 이러한 인생의 한 장면을 잘 보여준다. 영화는 오랜 가뭄이 이어지자 비를 내리기 위해 음양의 조화를 맞추려는 목적으로 왕가의 옹주 혼례를 위한 부군 간택 과정을 그린다. 영화 속에서 주인공인 옹주는 궁을 몰래 빠져나와 직접 부마 후보들을 만나게 되고, 그들과의 궁합을 풀이하는 장면이 대사로 이어진다.

명리학을 공부하는 사람의 눈으로 보면, 영화 속 대사에 담긴 통변

은 무척 흥미롭다. 비록 허구의 드라마이지만, 곳곳에서 명리학 전문
가의 자문이 스며 있음을 충분히 짐작할 수 있다. 그렇다면 앞에서 살
펴본 명리학의 궁합 이론을, 영화 〈궁합〉을 통해 다시 한 번 재조명해
보기로 하자.

여주인공 옹주의 사주

　영화 속 대사에 따르면 옹주의 사주팔자는 '정사년 을사월 신미일
갑오시(丁巳年 乙巳月 辛未日 甲午時)'로 설정되어 있다. 영화 속 시대적 배
경에서 왕이 부마 간택을 명한 시점은 조선 영조 29년으로, 이를 서기
로 환산하면 1753년 계유(癸酉)년에 해당한다. 이 설정을 기준으로 보
면, 영화 속 옹주는 1737년 음력 3월 27일생으로 당시 나이 16세였던
것으로 추정된다.

	시주 (갑오)	일주 (신미)	월주 (을사)	년주 (정사)
	정재	일간(나)	편재	편관
천간	甲	辛	乙	丁
지지	午	未	巳	巳
	편관	편인	정관	정관

　　명리학적으로 옹주의 사주는 관성이 많아서 병이 된 '관살혼잡'의 신약한 명이다. 특히 본인의 일간인 신금(辛金)이 월간의 을목(乙木)과 '을신충'이 되어 태약한 명이다. 신금(辛金)을 생(生)해주는 토(土)를 용신으로, 금(金)을 희신으로 하는데, 식상인 수(水)가 없는 것이 매우 아쉬운 명이다. 영화에서 임금에게 필요한 쇠(금) 기운을 가진 왕실의 핏줄이 필요해 후궁의 소생인 옹주를 궁에 불러들였다고 하나, 사실 옹주의 사주는 금(金)의 기운이 약하다.

　　한편 옹주의 사주에서 지지를 보면, '진역마'의 글자인 사화(巳火)를 가지고 있어 역마의 기운이 강한 명이다. 본인의 낭군을 직접 확인하기 위해 궁을 빠져나와 이곳저곳을 돌아다니며 외향적인 활동성을 보이는 옹주의 캐릭터 설정은 이러한 역마의 기운에 기인한다 볼 수 있다.

　　창의력과 상상력의 영역인 상업영화를 다소 다큐멘터리적 시선으로 바라본다면, 단순한 스토리 전개를 넘어 명리학적 성격·심리의 측면에서 인물의 캐릭터를 정교하게 설정한 제작진의 세심한 고민이 엿보인다.

부마 후보 '강 휘'의 사주

　　다시 영화의 주제인 궁합으로 돌아가 보면, 옹주의 남편 후보 중 한 명인 '강 휘'라는 인물이 나온다. 영화 속에서 그는 자신의 생년월일을 '을묘년 계미월 임오일 을사시(乙卯年 癸未月 壬午日 乙巳時)'라고 사주팔자 여덟 글자를 읊조린다. 이 사주를 기준으로 볼 때, 그는 옹주보다 2살 많은 연상으로 설정된 인물이다.

영화 속 설정에서 강 휘는 뛰어난 외모에 수려한 말솜씨로 재능이 탁월한 '상관생재(傷官生財)'의 사주로, 명성과 인기를 얻어 주변에 사람이 끊이지 않는다. 옹주와 성격과 성향이 잘 맞아 화복을 누릴 수 있는 궁합으로, 옹주와 궁합이 나쁘지 않다고 평가된다.

	시주 (을사)	일주 (임오)	월주 (계미)	년주 (을묘)
천간	상관 乙	일간(나) 壬	겁재 癸	상관 乙
지지	巳 편재	午 정재	未 정관	卯 상관
지장간	戊 편관 庚 편인 丙 편재	丙 편재 · 丁 정재	丁 정재 乙 상관 己 정관	甲 식신 · 乙 상관

그럼 과연 영화 속 통변은 맞는 것일까?

우선 강 휘는 사주팔자에 상관이 강한 신약한 명으로, 지지에 '진도화'가 있어 도화의 기운이 강한 사주다. 앞서 PART 2에서 살펴봤듯, 상관이 강한 사람은 총명하고 다재다능하며 뛰어난 언변 능력을 가지고 있으므로, 그가 재기와 재능, 재색이 두드러진다는 해석은 맞다 하겠다.

격국으로 봐도 '상관격'에 해당한다. 격의 결정은 월지의 지장간을 보게 되는데, 미토(未土)의 지장간에는 '정(丁)·을(乙)·기(己)'가 있다. 천간에 을목(乙木)이 투출하였으므로, 일간 임수(壬水)와의 관계를 볼 때 상관격에 해당한다.

강 휘는 상관격의 타고난 화술에 도화의 기운도 강해, 음주가무에 능하고 이성의 관심을 한 몸에 받는 재능을 타고 태어났다고 볼 수 있다.

옹주와의 궁합을 보면, 강 휘는 옹주에게 희신에 해당하는 금(金)을 용신으로 쓰므로 궁합은 좋은 편이다. 특히 강 휘는 임오(壬午) 일주로 자화간합(自化干合)의 일주이다보니, 궁합의 점수가 더 올라간다. 참고로 '자화간합'의 일주는 정해(丁亥), 무자(戊子), 신사(辛巳), 임오(壬午) 일주다. 그런 점에서 영화가 그려낸 강 휘라는 인물의 캐릭터와 옹주와의 궁합 해석은 상당 부분 실제 명리학적 통변과 맞아떨어진다.

부마 후보 '남치호'의 사주

영화 속 부마 후보 중 가장 눈길을 끄는 사주는 단연 '남치호'라는 인물이다. 그의 사주는 '을묘년 갑신월 경인일 을유시(乙卯年 甲申月 庚寅

日 乙酉時)'이다. 영화 속 대사를 통해 그의 사주가 물상적으로, 나무가 칼날에 꺾여 있는 형상으로 살기 어린 성정을 품고 있다고 통변된다.

이 인물의 사주를 분석해보면, 남치호는 본인의 일간인 금(金)과 목(木)의 2가지 오행만으로 구성된 보기 드문 특별격(特別格) 사주다. 세부적으로 양기성상격(兩氣成象格) 또는 양신성상격(兩神成象格)이라 부른다.

	시주 (을유)	일주 (경인)	일주 (갑신)	년주 (을묘)
천간	정재	일간(나)	편재	정재
	乙	庚	甲	乙
지지	酉	寅	申	卯
	겁재	편재	비견	정재

특별격은 운세론에서 용신을 정하는 방법 중의 하나로, 사주팔자 여덟 글자가 어느 한 가지 또는 두 가지 오행에 치우쳐져 있는 명을 말한다. 남치호의 사주는 금(金)과 목(木)을 통관하는 수(水)의 기운이 들어오면 금(金)과 목(木)의 충돌, 즉 금목상잔(金木相殘)이 해제되면서 운이 풀리고 평탄한 삶을 이어갈 수 있다.

더구나 그의 사주는 천간에서 일간인 경금(庚金)이 시간의 을목(乙木)과 '을경합'을 이루면서도, 월간인 갑목(甲木)과는 '갑경충'이 된다. 또한 지지에서는 일지의 인목(寅木)과 월지의 신금(申金)이 '인신충'을 이루고 있다. 다시 말해 천극지충(天剋支沖)이 되다 보니, 변화무쌍한 삶을 살게 될 명이다.

영화 속에서 남치호가 자신의 감정을 통제하지 못하고, 잔인하고 폭력적인 성향을 드러내는 모습도 그의 사주 구조와 무관하지 않다. 강한 비겁의 금(金) 기운을 다스려줄 관성인 화(火)가 사주팔자 여덟 글자에 없다 보니, 난폭한 성향을 제어하기 어려운 명이다.

이러한 명리학적 해석에 기반한 등장 인물의 성격 묘사는 영화를 보는 내내 흥미로웠다. 영화를 제작하는 과정에서, 스토리 전개의 흥미를 끌기 위해서는 개성이 뚜렷한 인물 설정이 중요하다. 그런 점에서 제작진이 명리학적으로 이러한 사주를 찾아내고, 실제 등장 인물의 나이나 캐릭터까지 고려하여 사주팔자 여덟 글자를 세심하게 설정한 노력에 진심 어린 박수를 보낸다.

사주로 보는 대입 합격운, 원하는 대학과 학과에 갈 수 있을까?

나에게 맞는 '때'와 '장소', '길'의 선택이 대입운의 비법

어린 시절은 보호자인 부모의 흐름에 영향을 많이 받기 때문에, 청소년 어린 시절에는 보호자의 명과 운을 함께 살펴서 판단해야 한다.

인생의 중요한 시험대인 대학입시 합격운이 궁금하다면, 입시가 있는 그 해(19살)의 대운과 연운의 글자를 세심히 살펴봐야 한다. 또한 대입 입시는 대운과 연운의 향방과 글자의 의미도 중요하지만 어느 학과, 어느 대학에 지망하는지도 매우 중요하다.

대입 진로를 결정할 때 학생이나 부모들은 '학과'보다 '대학'의 간판을 우선하는 경우가 많다.그러나 대학의 간판이 성공을 보장하던 시대는 지나가고 있다. 급변하는 AI 시대에 빠르게 바뀌는 산업과 직업의 지형에서, 시대의 트렌드를 읽고 자신의 적성에 맞는 학과를 선택하는 것이 더욱 중요해졌다.

명리학의 관점으로 보면, 대학과 학과마다 오행의 기운이 다르기 때문에, 자신의 사주팔자의 오행과 맞는 대학과 학과를 선택해야 한다. 여기에 대운과 연운의 기운이 더해진다면, 자신이 원하는 대학과 학과에 진학할 수 있을 것이다.

나의 경우는 어땠을까?

수능 도입 이전, 암기 위주의 학력고사 시험을 통해 대학을 가던 시절이었다. 무엇보다 '선지원 후시험'이어서 전기모집에서 하나의 대학만 먼저 선택해 지원하고, 그 학교에서 시험을 치렀다. 지금처럼 수시와 정시로 나뉘고 여러 번 응시 기회가 주어지는 구조와 달리, 그때는 사실상 단 한 번의 기회에 맞춰 대학과 학과를 미리 정해야 했다. 선택의 부담이 훨씬 무거웠고, 시험장에 들어가기 전부터 이미 눈치 전략이 성패를 가르던 시절이었다.

고3 시절 나의 대운은 임인(壬寅) 대운이었다. 나에게 매우 불리한 수(水)와 목(木)의 기운이 강하게 들어오는 시기여서, 그해 대운은 좋지 않았다. 더구나 내가 지망한 대학은 수(水)의 기운이 강한 학교였고, 지원한 학과 역시 목(木)의 기운이 강한 분야였다. 명리학을 배우고 되돌아보니, 나의 선택은 명운과 어긋나 있었고 대학이나 학과의 선택 또한 합격하기 어려운 조합이었다.

결국 자연스럽게 재수를 하게 되었고, 재수를 한 해는 대운이 새롭게 바뀌는 해의 시작이었다. 그 해는 신축(辛丑) 대운에 신미(辛未) 연운으로, 신강한 을목(乙木) 일간이었던 나에게 고3 때 운에 비해 대학합격에 유리한 해였다.

특히 고3 때 지원했던 학교나 학과에 비해, 재수 때 지원한 대학과 학과는 나에게 좋은 기운을 주는 오행의 '장소'와 '길'이었다. 결국 신축(辛丑) 대운에 신미(辛未) 연운은, '을신충'과 '축미(丑未)' 개고로 나의 사주의 강한 목(木)을 정리하고, 관운이 열리며 필요한 오행을 꺼낼 수 있는 해였다. 더구나 나에게 좋은 오행의 기운을 가지고 있는 대학과 학과를 선택했다 보니 우수한 성적으로 무난히 합격할 수 있었다.

흥미로운 점은, 당시 같은 과에서 재수·삼수 없이 현역으로 합격한 동기들은 계축(癸丑)년생이었고, 재수나 삼수로 입학한 동기들 또한 축토(丑土)를 가진 명이 유난히 많았다. 이들 대부분의 사주에서 대운이 크게 나쁘지 않았기에, 연운 신미(辛未)와의 '축미' 개고가 스위치처럼 작동해 유리한 기운을 끌어올렸고, 그 흐름이 자연스럽게 합격으로 이어진 셈이다.

우연처럼 보였던 대입 합격의 순간 뒤에, 이렇게 미세한 기운의 결이 작용하고 있었다는 사실은 명리학의 오묘함을 새삼 느끼게 한다.

대입과 편입, 운의 흐름이 안내한 진로 선택

요즘 들어 지인들로부터 자녀의 진학, 특히 대입이나 편입과 관련해 명리학적 관점에서 진로 상담을 부탁받는 일이 부쩍 늘었다. 갑진(甲辰)년에 편입을 준비하던 이십대 P씨도 그런 상담을 청한 지인의 아들이었다.

P씨의 사주는 병화(丙火) 일간으로, 화(火)의 기운이 강한 신강한 명이다. 토(土)를 용신으로 쓰며, 비겁에 해당하는 화(火)는 오히려 좋지 않은 기운으로 작용하는 사주 구조를 가지고 있다. 고3 때 대입운이 을사(乙巳) 대운으로 화(火)의 기운이 강해, 본인이 희망하던 대학과 학과에 입학하지 못했다. 그래서 지인은 아들의 편입을 두고 어느 학교, 어떤 학과를 선택해야 할지 고민이 많았다.

	시주 (갑오)	일주 (병신)	월주 (계묘)	년주 (임오)
	편인	일간(나)	정관	편관
천간	甲	丙	癸	壬
지지	午	申	卯	午
	겁재	편재	정인	겁재

당시 P씨의 대운은 병오(丙午) 대운으로 여전히 화(火)의 기운이 강

해 아쉬움이 있었다. 다만 다행스러운 점은, 편입을 준비하던 해의 연운이 갑진(甲辰)년이었다는 것이다. 귀한 글자인 습한 진토(辰土)가 들어와서, 화(火)의 기운을 누그러뜨리고 오행의 흐름을 만들어주는 좋은 해라 기대해볼 만했다.

반면 그 다음 해인 을사(乙巳)년은 P씨에게 좋은 연운이 아니었기에, 나는 무리한 상향 지원은 피하고, 갑진(甲辰)년에 소신 있게 편입을 마무리하는 것이 좋겠다고 조언했다. 또한 P씨가 편입을 고민하던 3개의 대학과 학과 가운데, P씨에게 유리한 오행의 기운을 가진 선택지를 추려내 추천해주었다. 즉 P씨 사주의 용신과 희신의 기운이 강한 학교와 학과를 추천해준 것이다. 무엇보다 P씨가 '가야 할 길'과 잘 맞는 학과였고, 본인 자신도 관심이 많았던 분야였다.

결과적으로 P씨는 갑진(甲辰)년이라는 좋은 '때'에, 자신에게 맞는 '장소'와 '길'을 선택해 지원했고, 무난히 합격할 수 있었다. 온 가족이 그의 편입을 간절히 바라고 있었던 터라, 합격 소식을 들은 뒤 기쁜 마음에 가족 모두가 대학교 캠퍼스 투어를 갔다는 후일담을 전해 들으며 뿌듯한 마음이 들었다.

명리학 공부가 이렇게 주변 사람들의 삶에 구체적인 도움이 될 수 있다는 사실은 내게 큰 보람이자, 동시에 통변에 임하는 마음을 더욱 조심스럽게 만드는 무거운 책임감으로 다가온다.

부귀빈천,
부자의 명(命)은 따로 있을까?

나의 그릇을 아는 일, 부(富)를 대하는 첫 걸음

돈은 상품과 서비스의 교환을 위한, 상품과 서비스 교환의 시점을 조절하기 위한 데이터베이스입니다. 돈 그 자체에는 힘이 없습니다.

Money is a database for the exchange of goods and services, and for time-shifting the exchange of goods and services. Money doesn't have power in and of itself.

– 일론 머스크(Elon Musk)

돈이 세상의 중심이 되어버린 듯한 오늘날의 물질만능 시대에 우리는 모두 부자를 꿈꾸며, 타인의 부를 시기하고 부러워하며, 정작 자신에게 주어진 재물에 만족하지 못한 채 살아가는 듯하다. 그러나 명리학의 가르침은 분명하다. 남들이 부러워할 만한 재물운이 모두에게 주어지는 것은 아니며, 하늘이 부여한 사주팔자 '그릇'의 크기만큼 항상 재물을 쌓을 수 있는 것도 아니라는 것이다. 혹여 하늘의 도움으로 자신의 그릇이 허용하는 만큼의 재물을 벌었다 하더라도, 그 재물을 내 보물창고 안에 온전히 지키고 내 것으로 만드는 일도 사주팔자에 그런 기운이 갖추어져야 한다.

공자는 "싹을 틔워도 꽃을 피우지 못하는 일이 있고, 꽃을 피워도 열매를 맺지 못하는 일이 있다(苗而不秀者 有矣夫, 秀而不實者 有矣夫)"라 하였다. 이는 재물이 많다는 사실만으로 부자의 삶이 완성되는 것이 아님을 일깨워준다. 부자의 명(命)은 단순히 재물의 크기로 결정되지 않는다. 그 재물을 다룰 수 있을 정도로, 재성이 버틸 수 있을 만큼 비겁의 힘도 강하고 대운도 재성운이 강하게 들어와야 한다.

그렇다면 정말 타고난 '부자의 사주'라는 게 따로 있을까?

명리학은 인생의 방향과 크기가 이미 일정 부분 정해져 있다고 본다. 사주팔자 여덟 글자를 보면 부귀빈천(富貴貧賤), 즉 부자로 살게 될 명과 거름뱅이로 가난하게 살 명, 사회적으로 이름을 날리며 명예롭게 살 명과 비천하게 살게 될 명이 따로 있다고 본다. 하지만 그런 운명을 가지고 태어났다고 해서 모두가 그 '길'을 걷는 것은 아니다.

　타고난 재능이 있어도 그것을 펼칠 무대가 없으면 꽃을 피우지 못하 듯, 부자의 명을 타고났다 해도 그러한 운명이 실현될 수 있는 '때'와 ' 장소'가 뒷받침되지 않으면, 그 '길'에 들어서지 못하고 사주팔자 명대 로 온전히 살아가지 못하는 것이다.

　특히 격국론은 각자의 명(命)마다 그릇의 크기가 정해져 있다고 본 다. 사람마다 재물을 담을 수 있는 그릇의 크기가 다르기 때문에, 자 신의 그릇보다 더 많은 것을 억지로 담고자 한다면 결국 그릇은 깨져 버릴 수 있다.

　따라서 명리학은 자신의 그릇을 아는 것이 중요하다고 가르친다. 욕 심을 다스리고, 감당할 수 있는 만큼을 채워가는 것이 오히려 더 현명 하고 행복한 삶으로 가는 길인 것이다. 크지 않아도 보기 좋고 단단한 그릇으로 오래도록 재물을 지키는 것이 중요하며, 이것이 명리학이 말 하는 부(富)의 지혜다.

타고난 부자의 명을 보여주는 일론 머스크의 사주

　수백조 원대의 천문학적인 재산을 거머쥔 세계적인 부호, 일론 머스 크(Elon Musk)는 단순히 세계 1위의 최고 부자로 불리는 것만으로는 설 명되지 않는다. 막대한 부와 함께 끊임없이 화제를 불러일으키는 비범한 행보 덕분에, 그는 단순한 기업가를 넘어 세계가 주목하는 시대의 상징이자 아이콘이 되었다.

초호화 대저택에서 살아도 전혀 어색하지 않을 그는, 억만장자가 된 후 한때 텍사스 보카치카에 위치한 스페이스X 공장 인근의 침실 두 개짜리 집을 임차해 거주하며 그곳을 자신의 안식처로 여겼다고 한다. "돈은 중요하지 않다"고 말해온 그는 한 인터뷰에서 "나는 부자로 죽을 거 같지 않다"고 말하기도 했다.

공상영화 같은 상상력으로 화성 식민지 건설이라는 원대한 꿈에 자신의 전 재산을 아낌없이 쏟아붓고 있는 그는, 강렬한 대중적 스타로 말과 행동 하나하나가 전 세계의 이목을 끌고 있다.

일론 머스크는 1971년 6월 28일 아침 7시30분에 태어났다고 알려져 있다.[6] 여름에 태어난 갑신(甲申) 일주로, 수(水)와 목(木)의 기운이 길운을 불러일으키는 명이다. 음양의 균형이 다소 치우쳐진 것은 아쉬우나, 오행이 모두 있고 재성도 단단하게 자리잡고 있어 훌륭한 사주팔자를 가지고 태어났다. 무엇보다 그의 전체 대운의 흐름이 목국(木局)에서 수국(水局)으로 흘러, 유례없는 그의 성공적인 삶을 잘 설명해준다.

그는 아버지와의 생활에 점차 불만을 느끼며 남아프리카공화국을 떠나기로 결심하게 되는데, 이때가 임진(壬辰) 대운으로 30년 동안 그

---

6   출처: 월터 아이작슨, 「일론 머스크」, 21세기북스, 2023, 28쪽

	시주 (무진)	일주 (갑신)	월주 (갑오)	년주 (신해)
	편재	일간(나)	비견	정관
천간	戊	甲	甲	辛
지지	辰	申	午	亥
	편재	편관	상관	편인

의 인생의 황금기인 목국(木局)이 시작되는 시기였다. 대운이 좋았기 때문에 운의 흐름을 타고 그는 기사(己巳)년에 어머니의 나라인 캐나다로 이주를 하게 된다.

흥미롭게도 부를 만들기 위해서는 '장소'도 매우 중요한데, 기사(己巳)년은 사화(巳火)와 그의 명에 있는 지지 해수(亥水)가 '사해충'으로 역마충이 일어난 해로, 이로 인해 이동수가 있었다. 그가 만약 운이 좋지 않아 20대의 중요한 시기에 계속 남아프리카공화국에 남았다면, 또 다른 삶이 펼쳐졌을 것이며 우리는 지금의 일론 머스크를 만나지 못했을지도 모른다.

그가 스탠포드 박사 과정을 중퇴하고 집투(Zip2) 회사를 창업한 해도 수(水)와 목(木)의 기운이 움직이는 임진(壬辰) 대운에 을해(乙亥)년으로 그의 성공을 예견할 수 있었다. 페이팔(PayPal)의 최대 주주였던 그가 매각을 통해 큰 수익을 낸 해도 임오(壬午)년으로, 신묘(辛卯) 대운의 기운을 얻어 그의 재능을 맘껏 발휘하며 큰 성공을 거둘 수 있었다.

같은 해 임오(壬午)년에 스페이스X(SpaceX)를 설립한 이후, 그는 공상과학 소설 같은 상상력으로 화성을 식민지로 만들고자 전 재산을 쏟아 붓고 있다. 이십대 년 전, 막대한 자본이 필요한 정부 주도 영역의 우주 산업을 민간 기업가가 꿈꾸었다는 사실은, 그의 사주에서 드러나는 갑목(甲木) 일간 특유의 뛰어난 추진력과 리더쉽, 장기적인 안목을 잘 보여준다.

한편 화성 탐사와 자율주행이라는 원대한 목표를 추구하는 과정에서, 기존의 안전수칙이나 제도적 절차에 얽매이기보다 비용 효율성과 수익성에 초점을 맞추는 태도 역시 상관격의 특징을 보여준다. 특히 혁신적이면서도 때로는 엉뚱해 보일 수 있는 아이디어를 구상하고, 빠른 판단력으로 해결책을 제시하는 그의 행보는 탁월한 상관의 재주로 재물을 쌓아가는 그의 사주구조를 잘 설명해준다.

테슬라가 기업공개(IPO)를 통해 나스닥에 상장한 해도 경인(庚寅) 대운의 경인(庚寅)년으로, 인목(寅木)의 강한 목(木)의 기운으로 본인의 사업을 독보적으로 이끌어 갈 수 있었다. 정유(丁酉)년부터 시작된 기축(己丑) 대운은 그에게 강한 재성운으로, 신축(辛丑)년에는 세계 최고의 부호로 등극하기도 했다.

이러한 그의 승승장구한 상승 곡선은 연운에 따라 다소 기복은 있겠으나, 앞으로 계속 이어질 것으로 보인다. 아름드리 큰 나무가 가지를 넓게 펼치고 화려하게 꽃을 피우듯, 더 높이 뻗어 올라갈 것으로 기대된다.

프로 골프선수는
타고난 명(命)이 다를까?

마음을 다스리는 골프, 삶을 읽는 명리학

"일을 계획하는 것은 사람이지만, 일을 이루는 것은 하늘의 뜻이구나"

謀事在人成事在天(모사재인 성사재천)

이는 제갈량이 위나라의 사마의(司馬懿)를 잡기 위해 완벽한 화공 작전을 세웠지만, 예기치 않은 소나기 때문에 뜻을 이루지 못하자 하늘을 원망하며 탄식했던 말이다. 그는 사마의를 정확히 꿰뚫어보고 치밀하게 계획하며 최선을 다했지만, 인간의 노력만큼 항상 하늘의 결과가 주어지는 것은 아니었다.

하늘과 땅 사이에 살아가는 인간에게는 하늘이 부여한 천명(天命)이라는 것이 있다. 그것을 깨닫고 자신에게 주어진 소명의 방향을 믿고 길흉화복의 의미를 받아들인다면, 우리는 비로소 온전한 '나'로 살아갈 수 있을 것이다.

이렇듯 인간의 노력을 넘어 하늘의 운이 함께 해야 함을 깨닫게 하는 분야 중의 하나가 스포츠 경기일 것이다. 특히 실내 경기가 아닌 실외 경기는 그날의 날씨에 큰 영향을 받게 되는데, 그 중 하나가 골프다.

팀을 이루어 함께 싸우는 단체 경기와 달리, 프로 골프 경기는 선수 개인의 기량과 정신력, 그리고 미세한 멘탈 관리가 성패를 좌우하는 스포츠다. 양궁이 그러하듯, 골프는 바람의 방향을 읽고 자연의 변화에 순응하며 갑작스러운 날씨 변화에 나 자신을 맞춰야 하는 운동이다.

갑작스러운 소나기를 어느 홀에서 만나게 되었는가에 따라 순위가 바뀔 수 있는 등 그 날의 운이 우승으로 연결되기도 한다. 인간의 치열한 노력 위에 하늘이 내리는 작은 변수가 결과를 바꾸는 것이다. 특히 100m 달리기처럼 단 한 번의 경기 결과로 승부가 갈리는 스포츠와 달리, 프로 골프는 보통 3~4일 동안 하루 4~5시간씩 18홀을 돌며 매 홀에서 쌓은 타수의 합, 즉 매 홀의 누적된 스코어로 최종 우승자가 결정된다.

작은 실수 하나, 예기치 못한 날씨 변화 하나가 경기의 흐름을 바꾸기도 한다. 그렇기에 어떤 상황에서도 흔들리지 않고 평정심을 유지하며, 압박감 속에서도 차분히 경기에 집중할 수 있는 정신력이 무엇보다 중요한 스포츠다.

골프를 두고 '자만을 허용하지 않는 스포츠', '나 자신을 비추는 거울'이라고 말하는 것도 같은 이유다. 골프는 끊임없이 자신을 다스리고 내려놓게 하는 운동이다. 많은 프로 골퍼들이 우승 소감을 말할 때, '행운'을 우승 비결로 돌리는 것도 같은 이유에서 일 것이다.

이렇듯 꾸준한 노력 못지않게 운이 큰 변수로 작용하는 골프에서, 과연 프로 선수로 성공할 타고난 사주팔자라는 것이 따로 있을까? 물론 이를 수학 공식처럼 단순화하여 단정 지을 수는 없지만, 명리학은 그 '길'로 가는 타고난 명운(命運)이 존재한다고 본다. 재능과 노력, 그리고 명운의 방향이 맞물릴 때, 비로소 한 사람의 인생은 그 길 위에서 빛을 발하게 될 것이다.

자신을 다스릴 수 있는 인성(印星)이 있어야 한다

골프 경기를 시청하던 어느 날, 한국여자프로골프(KLPGA) 투어 마지막 날 연장전에서 유난히 인상적인 장면을 목격하게 되었다. 앞선 대회에서도 프로 골퍼 P씨가 연장 끝에 우승을 거뒀는데, 이날 경기에서는 그보다 훨씬 극적인 일이 벌어졌다.

결승전에서 P씨의 티샷이 2번 연속 오른쪽 숲으로 날아갔는데, 2번 모두 공이 나무를 맞고 다시 페어웨이로 튀어나온 것이다. 한 번쯤은 공이 나무에 맞아 행운처럼 살아나는 일이 있을 수 있다. 하지만 연이어 같은 방향으로 날아간 공이 같은 방식으로 살아난 장면은 단순한 우연이라 보기 어려웠다. 마치 숲속 어딘가에 숨어 있던 귀인(貴人)이 공을 슬그머니 다시 던져주는 듯한, 한 편의 드라마 같은 극적인 순간이었다. 실제로 그날 그녀의 일진(日辰)은 천을귀인(天乙貴人)이 함께한 날이었다.

갑진(甲辰)년 한 해에 시즌 3승을 올리며 프로 데뷔 이후 가장 화려한 나날을 보낸 프로 골퍼 P씨는 갑자(甲子) 일주다. 일지에 '정인'인 자수(子水)를 깔고 있어, 평정심이 강하고 자기 자신을 다스릴 줄 아는 정신력을 지녔다. 이는 위기 상황에서도 쉽게 흔들리지 않는 멘탈로 이어져, 경기에서 중요한 순간마다 침착함을 유지하게 만든다.

	시주 (-)	일주 (갑자)	월주 (정축)	년주 (기묘)
	-	**일간(나)**	상관	정재
천간	?	甲	丁	己
지지	?	子	丑	卯
	-	정인	정재	겁재

　PART 2에서 설명했듯, 명리학에서 인성(印星)은 '생각'과 '계획력'을 의미한다. P씨 사주에서 일지의 인성은 각 홀의 특성을 꿰뚫어보고 분석할 수 있는 통찰력을 주며, 정인의 긍정적인 마인드는 프로 선수로서 큰 장점이 된다.

　P씨의 태어난 시를 알 수 없어 삼주(三柱)로만 명을 본다면, 그녀가 KLPGA에 입회한 무술(戊戌)년은 기묘(己卯) 대운이 시작되는 해였다. 신약한 사주로 목(木)과 수(水)가 P씨에게 좋은 기운을 준다. 무술(戊戌)년부터 정미(丁未)년까지 이어지는 기묘(己卯) 대운은 특히 목(木)의 힘이 강한 10년이다. 이러한 운의 흐름 속에서 그녀는 경자(庚子)년에 첫 우승을 거둔 이후 꾸준히 좋은 성적을 이어가고 있다.

　P씨 뿐만 아니라 미국여자프로골프투어(LPGA)에서 꾸준히 우승을 차지하고 있는 세계적인 프로 골퍼 L씨도 갑자(甲子) 일주로 정인을 일지에 깔고 있다. 그녀는 평정심이 강하고 감정기복이 적은 선수로도 유명하다. L씨의 사주에 인성이 강하긴 하나, 음양이나 조후적으로 균형을 이루고 있어 차분하고 긍정적인 성향을 보여준다.

　갑진(甲辰)년에 시즌 3승으로 다승왕을 기록한 B씨도 정묘(丁卯) 일주로 편인을 일지에 깔고 있다. 갑진(甲辰)년에 우수한 성적을 보이며, 미국 LPGA 투어에 진출한 Y씨도 을해(乙亥) 일주로 정인을 일지에 깔고 있다. 남자 프로 골프 선수인 L씨도 을사(乙巳)년에 미국남자프로골프투어(PGA)에서 우승을 기록하며 새로운 골프 역사를 쓰고 있는데, 을해(乙亥) 일주로 정인을 일지에 깔고 있다.

이처럼 프로 골퍼를 비롯한 운동선수는 자기 자신을 다스릴 줄 알아야 되는데, 사주팔자에 인성이 잘 자리하고 있다면, 평정심이 강하고 정신력이 단단해 운동선수의 길을 가는데 유리하다.

자신을 믿고 결성할 수 있는 비겁(比劫)이 있어야 한다

프로 골프 선수에게 도움이 되는 십신의 기운으로 인성과 함께 '결정하는 능력'인 비겁(比劫)을 들 수 있다. 자기 자신을 다스리며 주변의 평가나 분위기에 흔들리지 않고, 오직 자신의 경기에만 집중할 수 있는 멘탈을 유지하기 위해서는 비겁의 힘이 필요하다.

골프 경기를 보다 보면, 프로 선수와 캐디가 경기 중에 서로 상의하며 의견을 나누는 장면을 종종 볼 수 있다. 이때 캐디는 마치 다른 스포츠의 코치처럼 다양한 정보를 제공하고 전략을 조언한다. 그러나 마지막 판단과 결정, 즉 어떤 클럽을 쥐고, 어떤 코스로 공략할지를 결정하는 것은 결국 선수의 몫이다. 예상치 못한 변수가 끊임없이 나타나는 골프 경기에서, 자신의 판단을 믿고 끝까지 밀어붙일 수 있는 비겁의 힘이 약하다면 본인의 페이스를 잃고 실수를 반복할 수 있다.

미국남자프로골프투어(PGA)에서 활약하고 있는 K씨는 경신(庚申)일 주로 비겁을 일지에 깔고 있는 명이다. 골프에 대한 강한 열정과 경쟁심, 승부욕을 보이는 K씨의 근성과 기질은 그의 사주팔자를 봐도 알 수 있다.

	시주 (－)	일주 (경신)	월주 (병오)	년주 (임오)
	－	일간(나)	편관	식신
천간	?	庚	丙	壬
지지	?	申	午	午
	－	비견	정관	정관

　K씨는 PGA 한국인 최연소 우승자로 세계적인 명성을 얻으며, 골프 국가대표 선수로 출전할 정도로 이십대 초반의 젊은 나이에 세계적인 프로 선수로 발돋움 했다. 이는 초년에 시작된 무신(戊申) 대운의 힘으로, 무술(戊戌)년에 어린 나이에 프로로 데뷔를 하게 된 것도 사주팔자 발복의 기운 덕분이라 하겠다. 특히 K씨의 사주는 경신(庚申) 일주로 단단해진 금속의 물상처럼, 강한 의지와 결단력을 가지고 있으며 냉철한 판단력으로 목표를 향해 꾸준히 나아가는 추진력도 강하다.

　한국을 넘어 미국 LPGA 대회에서 우승을 이어오고 있는 세계적인 여자 프로선수인 K씨도 병오(丙午) 일주로 비겁을 일지에 깔고 있다. 미(未)월의 더운 여름의 병화(丙火) 일간으로 강한 자신감과 쾌활한 성격에, 일지 비겁의 기운을 받아 위기상황에서도 흔들림 없이 긍정적으로 강한 추진력을 보여준다.

안정적인 플레이로 강한 멘탈을 보여주며, 갑진(甲辰)년에도 다승왕을 거둔 여자 프로 골퍼인 L씨도 정사(丁巳) 일주로 비겁을 일지에 깔고 있다. 그녀는 다른 경쟁자들의 플레이에 흔들림 없이 본인만의 경기를 하며 긍정적인 멘탈을 유지하는 선수로 유명하다.

무오(戊午) 대운의 좋은 흐름 속에서 을사(乙巳)년이라는 연운을 만나, 생애 처음으로 미국 LPGA 투어에서 우승을 거머쥔 H씨도 경신(庚申) 일주로 일지에 비겁을 깔고 있다.

물론 사주팔자 여덟 글자에 비겁이나 인성이 있어야만 운동선수로 성공함을 말하고자 하는 것은 아니다. 명리학은 이렇듯 단순한 논리로 간명할 수 있는 학문이 아니다. 다만 강한 정신력으로 인내심을 가지고 자신을 믿고 다스릴 수 있는 '인성'과 '비겁'의 기운이 사주팔자에 잘 자리를 잡고 있고, 대운과 연운만 따라준다면 프로 선수로서 성공의 꽃길을 걸어갈 수 있을 것이다. 특히 자연에 순응하며 자기 자신을 다스리고 내려놓을 줄 알아야 하는 골프는, 인성과 비겁을 중시하는 명리학과도 그 결이 잘 맞는다.

연예인으로 타고난 사주가 따로 있을까?

유명 배우나 가수들이 데뷔를 하게 된 동기를 들어보면, 길거리 캐스팅이나 친구를 따라 갔던 곳에서 우연한 기회로 연예인의 길에 들어서게 되었다는 에피소드가 많다. 실제로 이렇게 "눈을 떠보니 스타가 되어 있더라"는 기적은 운명처럼 기회가 와야 한다. 물론 오랜 준비를 통해 연습생 시기를 거쳐 계획적으로 연예인의 길을 가게 된 스타들도 있지만, 갑작스럽게 인기가 급상승하는 경우는 명운(命運)이 함께 해야 한다.

강력한 대운의 기운으로 상관의 재능을 살린 연예인

K-Pop을 대표하는 연예인 K씨도 이런 운명 같은 행운이 함께 한 스타다. 을사(乙巳) 일주인 K씨는 수(水)와 목(木)이 좋은 기운을 주는 사주다. 태어난 시를 몰라 삼주(三柱)만 놓고 보더라도, 타고난 강력한 재물운과 명예운이 K씨의 지금의 인기를 설명해준다.

	시주 (-)	일주 (을사)	월주 (경신)	년주 (무진)
	-	일간(나)	정관	정재
천간	?	乙	庚	戊
지지	?	巳	申	辰
	-	상관	정관	정재

K씨는 우연한 기회로 대형 기획사에 들어가게 되었는데, 당시 K씨의 대운은 신유(辛酉) 대운으로 금국(金局)으로 운이 좋지 않다 보니 자리를 잡지 못했다. 그러다 임술(壬戌) 대운을 만나 발복의 기운을 주는 귀한 수(水)의 기운이 들어오면서 데뷔에 성공했고, 한국 K-Pop의 독보적인 존재로 발돋움하게 되었다. 을사(乙巳) 일주로 상관을 일지에 깔고 있어 작사, 작곡 등의 예술적 재능도 뛰어나며, 재성이 자리를 잘 잡고 있어 사업가로도 뛰어난 능력을 보여주고 있다.

이십대 후반 계해(癸亥) 대운을 시작으로 30년 동안 귀한 수국(水局)

이 이어지고, 50대 후반부터도 본인에게 좋은 기운을 주는 목국(木局) 대운이 다시 이어질 예정이다. 대운의 흐름만 봐도 앞으로 K씨에게 더 화려하고 향기로운 꽃길이 수십 년 동안 펼쳐질 것으로 기대된다. 특히 갑진(甲辰)년부터 시작된 지금의 갑자(甲子) 대운은 K씨의 삶에 눈부신 황금기가 되어 줄 것이다. K씨의 이름 앞에 붙은 '최초'와 '최고'라는 타이틀은 끊이지 않을 것이다.

도화와 상관의 기운으로 대중의 인기를 얻는 연예인

배우 N씨는 임오(壬午) 일주로, 귀한 임수(壬水)가 월간의 정화(丁火)와 '정임합'으로 묶여 있고, 인성이 없어 아쉬운 명이다. 격국으로 보면, 월지의 축토(丑土) 지장간에 있는 기토(己土)가 천간에 투출되어 '정관격'이다.

'정관격'인 N씨는 대중적인 인지도를 얻으며 인기를 모을 수 있는 명으로, 책임감도 강하고 신의를 중요시하는 공인의 길을 가게 될 것이다. 또한 연예인으로의 화려한 삶보다 본인의 사회적인 명예를 지켜 나갈 수 있는 안정적인 삶을 이어갈 것으로 보인다. 다만 발복의 기운을 도와줄 인성인 금(金)이 사주팔자에 없어 아쉬움이 크다.

	시주 (을사)	일주 (임오)	월주 (정축)	년주 (기묘)
천간	상관 乙	**일간(나)** 壬	정재 丁	정관 己
지지	巳 편재	午 정재	丑 정관	卯 상관
지장간	戊 편관 庚 편인 丙 편재	丙 편재 · 丁 정재	癸 겁재 辛 정인 己 정관	甲 식신 · 乙 상관

한편 도화를 일지에 깔고 '진도화'에 도화의 기운이 강하다 보니, 연예인으로 대중의 인기를 얻을 수 있는 사주다. 특히 사주팔자 여덟 글자에서 상관의 기운이 움직이다 보니 창의력과 표현력이 뛰어나, 자신의 생각이나 감정을 자연스럽게 드러내는 재능이 중요한 배우라는 직업이 잘 맞는다. 거기에 도화의 기운도 강한 N씨는 예술적 자질과 타고난 매력으로 주변 사람들의 관심과 사랑을 한 몸에 받는 연예인의 길이 천직이라 볼 수 있다.

드라마에 데뷔한 해는 N씨에게 필요한 금(金)과 수(水)의 기운이 함께 들어오던 때로 큰 인기를 얻을 수 있었다. 다만 크게 발복할 수 있는 대운의 길운을 가지고 태어난 K씨와 달리, N씨의 대운은 크게 이름을 알리기에는 아쉬움이 있다.

배우로서 인생의 빛나는 전성기가 되어 줄 30대에서 50대까지 N씨에게 화국(火局)이 이어질 예정이다. 매우 신약한 임수(壬水) 일간인 N씨에게 화(火)는 바닥이 드러나 보일듯한 호수의 물을 더욱 마르게 하여 다소 힘든 시기가 될 수 있다. 천직인 배우의 길을 가되, 대운의 흐름이 받쳐주기 힘든 시기에는 연극 무대 등을 통해 내공을 키우며 본인의 실력을 인정받을 필요가 있다.

운의 흐름이 한풀 꺾였다고 해서 조급해 할 필요는 없다. 이럴 때일수록 묵묵히 실력을 다지고, 주연의 자리를 탐하기보다 조연으로서 자신의 자리를 지켜낸다면, 아름답게 빛나는 호수와 같은 N씨의 본래 모습이 다시금 세상에 드러나 그 아름다움을 많은 이들이 칭송하게 될 것이다.

명운을
움직이는 힘,
개운(開運)

명리학은 운(運)을 움직이는 미래학이다

별자리와 MBTI를 넘어, 나를 아는 명리학의 지혜

많은 사람들에게 깊은 여운을 남겼던 드라마 〈폭싹 속았수다〉에 이런 명대사가 나온다.

"그때 봄이 봄인 걸 알았더라면, 까짓거 더 찐하게 좀 살아볼 걸."

그렇다. 우리 모두에게는 저마다의 계절, 그리고 반드시 찾아오는 봄날이 있다. 겨울이 가면 봄이 오듯, 골이 깊으면 산도 높은 법이다. 중요한 것은 그 봄이 언제 오는지를 아는 것이다. 내게 주어진 봄날의 시기를 알게 된다면, 지금의 겨울 또한 씨앗을 품고 꽃을 피우기 위한 준비의 시간임을 깨닫고, 기꺼이 그 시간을 기쁜 마음으로 견딜 수 있을 것이다.

명리학에 대해 흔히 가지는 오해 가운데 하나는 바로 '운명결정론'이라는 시각이다. 즉 태어날 때 정해진 사주팔자가 평생의 운명을 모두 결정하며, 인간은 그 틀 안에서 벗어날 수 없다는 식의 오해다. 그러나 명리학은 결코 그런 단순한 숙명론을 말하지 않는다. 오히려 명리학은 주어진 명(命)을 이해하고, 그것을 바탕으로 삶을 어떻게 선택하고 만들어갈 것인지에 대한 지혜의 학문이다.

사회학자 로버트 머튼(Robert K. Merton)은 '자기실현적 예언(Self-fulfilling prophecy)'이라는 개념을 통해, 한 사람이 어떤 믿음을 가지면 그 믿음에 맞게 행동하게 되고 결국 그 믿음이 현실이 된다고 했다. 오늘날 널리 유행하는 MBTI 역시 이러한 현상을 보여주는 대표적인 사례라 할 수 있다.

MBTI는 자신을 이해하는데 도움을 주는 유용한 도구가 될 수 있다. 16가지 유형 중 하나로 나를 규정해주며, 타인과의 차이를 이해하게 해주는 하나의 언어를 제공한다. 서양의 점성술인 별자리 역시 12개의 별자리 유형을 통해 오랜 시간 사람들에게 위로와 통찰의 상징을 전했다. 이런 체계들을 통해 "나는 이런 경향이 있구나"라고 자신을 돌아보고 스스로를 이해하는 기회로 삼을 수 있다. 다만 어떤 도구든 그것이 이해와 성찰의 틀을 넘어, 스스로를 하나의 틀 안에 가두는 순간 문제가 될 수 있다. "나는 원래 이런 성격이니까"라는 말 뒤에 숨다 보면, 고정된 성향을 핑계 삼아 변화와 개선을 미루는 벽이 될 수 있다.

불확실성과 경쟁이 일상이 된 오늘날, 많은 이들이 자신을 쉽게 설명하고 표현할 수 있는 간편한 언어를 찾아, 그 안에서 위안을 얻고자 하는 현상은 충분히 공감이 된다.

명리학은 이런 고민에 또 다른 시선을 보탠다. 사주팔자는 이론적으로만 보아도 518,400가지(60 × 12 × 60 × 12) 유형으로 나뉘며, 여기에 격국론과 조후론까지 함께 고려한다면 그 수는 훨씬 더 섬세해진다. 명리학은 단순히 사람을 몇 가지 유형으로 분류하려는 시도를 넘어, 시간과 공간, 기운과 흐름의 변화까지 함께 읽어내는 깊은 통찰을 제공한다.

그렇다면 명운(命運)은 이미 정해져 있고, 마치 숙명론처럼 우리는 주어진 명운대로 살아가야만 할까?

명리학은 그렇게 보지 않는다. 개운(開運) 즉, 운을 여는 방법을 통해 명운의 흐름을 바꾸거나 피할 수 있다고 본다. 하늘이 정해 놓은 큰 틀과 방향이 있다면, 그 안에서 인간의 선택과 노력, 그리고 마음가짐에 따라 그 흐름은 달라질 수 있다.

"나는 원래 이런 사람이야"라고 스스로를 고정하는 것이 아니라, "그래, 이런 경향이 있으니 이런 점을 보완해 봐야겠다"라고 생각하는 순간, 그것은 성찰의 도구가 된다. MBTI나 별자리 역시 그런 식으로 활용될 때 의미가 있다. 나를 가두는 틀이 아니라, 나를 알아가는 언어로 삼을 때 비로소 힘을 발휘하는 것이다.

명리학이 말하는 개운 역시 같은 맥락에 있다. "이미 정해졌으니 어쩔 수 없다"는 체념의 언어가 아니라, "내 사주를 어떻게 이해하고, 어떻게 다스릴 것인가"를 묻고 고민하는 질문의 언어로 받아들인다면, 비로소 '나 답게' 주체적으로 살아가는 자신을 발견할 수 있을 것이다. 그런 의미에서 명리학은 단순히 운명을 알려주는 '기술'이 아니라, 삶을 주도적으로 이끌어가는 힘을 길러주는 '학문'이다.

개운(開運)의 진정한 의미

개운(開運)은 '바꾼다(改), 열다(開)'의 의미이며, 통운(通運)은 '운과 통한다'는 뜻이다.

운에서 들어오는 글자가 좋지 않을 때는, 새로운 일을 만들지 않고 참고 견디는 것이 지혜다. 삶에 변화를 주는 큰 결정은 서두르지 말고, 현 상태를 유지하며 때를 기다려야 한다. 예를 들어, 운이 떨어지는 시기에 회사를 옮기거나, 새로운 사업을 시작하는 것은 좋은 결과로 이어지기 어렵다. 반대로 운이 상승할 때는 주저하지 말고 행동으로 옮기는 것이 필요하다. 평소 고민하던 창업을 실행에 옮기거나, 더 나은 기회를 찾아 과감히 이직하는 것이 명운을 살리는 길이 될 수 있다.

결국 운의 흐름을 읽는다는 것은 시계를 읽는 것과 같다. 낮과 밤이 교차하듯 운에도 오르내림이 있으니, 낮에는 활발히 움직이고 밤에는 조용히 에너지를 모아야 한다. 다시 말해, 운의 흐름은 시계추나 놀이 기구 바이킹처럼 한쪽 끝으로 치우치면 다시 방향을 바꿔 내려오고, 내려온 추는 최저점을 지나 다시 올라가게 된다. 내려갈 때는 빠르게 가속이 붙지만, 올라갈 때는 느리더라도 결국 다시 오른다.

운도 이와 같다. 좋은 운과 나쁜 운은 영원히 지속되지 않으며, 내려 가면 다시 올라오고 올라간 운도 다시 내려오게 마련이다. 뜨거운 여 름이 지나면 차가운 겨울이 오고, 그 겨울을 견뎌내면 또다시 따뜻한 봄이 찾아오는 자연의 모습과도 닮아 있다.

무엇보다 중요한 것은 개운(開運)의 자세다. 부족한 것은 채우고 과 한 것은 덜어내는 것. 이것이 운을 여는 첫걸음이다. 개운은 하늘에서 떨어지는 뜻밖의 행운을 마냥 쳐다만 보며 기다리는 일이 아니다. 오 히려 자신에게 부족하거나 없는 기운을 알아차리고, 그것을 채우기 위 해 꾸준히 노력하며 준비하는 자세를 말한다. 이렇게 준비된 사람만이 좋은 운을 만났을 때, 그 기회를 온전히 자신의 것으로 만들 수 있다.

앞서 PART 1에서 재물과 용신을 중심으로 보는 '운세론'을 일명 역부론(抑扶論)이라 부른다고 했다. 억부(抑扶)의 '억(抑)'은 '누르다, 억누르다, 덜어내다'는 의미로, 기운이 지나치게 왕성할 때는 그 힘을 제어하고 눌러서 균형을 맞춘다는 뜻이다. '부(扶)'는 '돕다, 북돋는다'는 뜻으로, 기운이 너무 약하거나 부족할 때는 보태고 도와줘서 살려준다는 의미다. 결국 '억부론'이란 사주의 기운을 판단할 때, "강한 것은 누르고, 약한 것은 돕는다"는 원리에 따라 전체 균형을 잡는 방식으로, 이는 개운의 출발점이기도 하다.

새로운 변화는 저절로 생겨나지 않는다. 자신의 명운을 온전히 살리기 위해서는 반드시 노력이 필요하다. 사주팔자에 따라 사람마다 재물운의 크기뿐 아니라 재물을 쌓아가는 과정과 그 재물을 지켜내는 힘도 모두 다르다. 어떤 사람은 비교적 수월하게 재물을 얻을 수 있는 운을 타고났지만, 어떤 사람은 꾸준한 공부와 치밀한 준비, 오랜 시간의 노력이 뒷받침되어야 비로소 재물을 손에 쥘 수 있는 명도 있다.

개인적으로 나의 사주팔자 여덟 글자 역시 후자의 유형에 가깝다. 단기간의 노력으로 성과를 내기보다는, 오랜 시간 머리를 쓰고 계획을 세우며 한 걸음씩 나아가는 과정 속에서 재물을 얻고, 그것을 지켜낼 수 있는 사주를 가지고 있다.

반면, 주변을 돌아보면 타고난 사주 구조 덕분에 비교적 수월하게 재물을 얻는 사람들이 있다. 깊이 고민하거나 치밀하게 계획하지 않아도, 우연히 투자한 주식이나 부동산이 뜻밖의 호재를 만나 급등하면서 큰 이익을 거두는 경우가 있다. 예전 같았으면 그런 모습을 부러운 마음으로 바라봐겠으나, 명리학을 공부하며 내 명운을 이해하게 된 뒤로는 생각이 달라졌다. 쉬운 길을 탐하기보다, 철저한 준비와 계획을 통해 꾸준히 노력하며 한 땀 한 땀 내 본업에 임하는 것이 나의 길임을 알게 된 것이다.

세상의 이치는 분명하다. 쉽게 얻은 재물은 쉽게 흩어지고, 어렵게 쌓은 재물은 쉽게 빠져나가지 않는다. 다른 사람의 속도나 행운을 부러워하기보다, 그저 나에게 주어진 '가야 할 길'을 묵묵히 걸어가면 되는 것이다.

결국 운이란 누군가에게는 선물처럼 다가올지 몰라도, 누군가에게는 오랜 시간 공들여 다듬어야만 주어지는 땀의 결실일 수 있다. 그러나 그 과정에서 개운을 통해 만들어낸 운은 때로 더 크고 값진 선물이 되어 돌아올 것이다.

백송 선생님이 늘 하시던 말씀이 있다.

"운이 좋다고 믿지 마라"
"운이 좋다고 내 생각이 맞다고 믿지 마라"
"운이 좋다고 내 선택이 맞다고 믿지 마라"

명리학을 공부한다는 것은 결국 나 자신을 알고 인생을 이해하기 위한 것이다. 내 사주팔자 여덟 글자와 운의 흐름을 읽으며 나의 부족한 부분을 채우고, 과한 부분은 덜어냄으로써 인생의 균형점을 찾아가는 즐거움이 있다.

우리 모두는 완벽한 사주를 타고나는 경우가 드물다. 때로는 결핍과 불균형이 명의 주인에게 삶에 안주하지 않고, 더 나은 길을 향해 나아가게 하는 힘을 주기도 한다. 추운 겨울을 견디며 뿌리를 깊게 내린 나무가 봄날 더 큰 꽃을 피우듯, 부족함과 불균형은 때로 우리를 더욱 단단하게 만들고 아름다운 열매를 맺게 하는 힘이 된다.

개운은 차갑게 얼어붙은 씨앗에 따뜻한 태양을 비추어 온기를 더해 주고, 따뜻한 짚으로 땅을 덮어 씨앗이 얼어 죽지 않도록 보호하는 일과도 같다. 그렇게 살아남은 씨앗은 겨울이 지나 싹을 틔우고, 봄날이 오면 마침내 꽃을 피운다.

이렇듯 개운을 통해 차가운 명운을 따뜻한 기운으로 바꾸어 준다면, 원래는 추위 속에서 시들었을 명이라도 봄이 왔을 때 더 크고 아름다운 열매를 맺을 수 있다. 타고난 사주가 전부가 아니듯, 개운은 운명을 바꾸는 따뜻한 온기가 될 수 있음을 명리학은 우리에게 가르쳐 준다.

숫자는 재물이다
수(數)로 읽는 기운

행운의 숫자, 부(富)의 비밀을 열다

행운은 준비된 사람에게 찾아온다.

Chance favors the prepared mind.

― 루이 파스퇴르(Louis Pasteur)

개운(開運)이란 말 그대로 하늘과 땅 사이에서 인간이 하늘이 정한 운명에 수동적으로 끌려가는 삶을 사는 것이 아니라, 스스로 자신의 명을 주도적으로 만들어가고 준비하는 과정을 의미한다. 앞서 설명했듯, 운은 개운을 통해 바꿀 수 있으며, 그중에서도 운세론 관점에서 가장 힘이 있으면서 일반인이 일상 속에서 실천하기 쉬운 방법 중의 하나가, 바로 '숫자'를 통해 재물운을 끌어올리는 것이다.

운을 끌어올리는 방법에는 앞으로 살펴볼 색채나 방위와 같은 요소들도 힘이 있으나, 재물 측면에서는 숫자를 활용한 개운이 매우 중요하다.

우리가 매일 마주하는 숫자는 단순한 계산의 수단을 넘어 문화와 역사, 종교와 언어가 켜켜이 쌓여진 하나의 상징이다. 같은 숫자라도 어떤 문화권에서는 실운을, 다른 곳에서는 불운을 의미하기도 한다.

한국과 서양에서 대표적인 행운의 숫자는 단연 '7'이다. '럭키 세븐(lucky seven)'이라는 말처럼 숫자 '7'은 완전함과 신성함, 긍정적인 에너지를 상징한다. 숫자 '3' 역시 삼위일체 교리나 '하늘·땅·사람'을 아우르는 완전수로 여겨져 오래전부터 특별한 의미를 지녀왔다. 중국에서는 '8(八, bā)'이 발전하다(發, fā)와 발음이 비슷해 부와 번영의 상징으로 여겨지며, 중국의 부자들은 8이 반복되는 번호의 조합을 선호하기도 한다.

반대로 동양 문화권에서 숫자 '4'는 넷(四, 사)의 발음이 죽을 사(死)와 같다 하여 불길한 의미로 받아들여져, 병원이나 아파트에서 4층 대신 F층으로 바꾸는 경우도 많다. 서양에서도 숫자 '13'은 불운을 상징하는 숫자로 여겨져, 비행기 좌석이나 층 번호에서 빠지는 일이 흔하다.

그렇다면 한국 사람 모두에게 '7'은 행운의 숫자이고, '4'는 언제나 불길한 숫자일까?

결론부터 말하자면, 명리학의 관점에서는 꼭 그렇지 않다. 숫자가 지닌 상징은 문화적 통념일 뿐, 각자의 사주팔자 구조에 따라 전혀 다르게 해석될 수 있다. 예를 들어 금(金)을 용신으로 쓰는 사람이라면, 사람들이 꺼리는 아파트 4층이 오히려 자신의 기운을 돕는 발복의 '장소'가 될 수 있다.

이처럼 명리학에서는 숫자를 단순한 기호 이상으로 바라본다. 이제부터는 개운의 관점에서 숫자가 지닌 오행의 기운을 살펴보기로 하자.

숫자, 단순한 기호를 넘어 개운의 열쇠

앞서 PART 1에서 각각의 오행이 지닌 숫자적 의미를 살펴보았다. 이를 다시 정리해보면, 먼저 홀수는 양(陽)의 기운을, 짝수는 음(陰)의 기운을 지닌다.

따라서 양의 목(木)을 의미하는 숫자는 '3'이며, 음의 목(木)은 '8'이다. 양의 화(火)는 '7'이며, 음의 화(火)는 '2'이다. 양의 토(土)는 '5'이며, 음의 토(土)는 '0'이다. 양의 금(金)은 '9'이며, 음의 금(金)은 '4'이다. 마지막으로 양의 수(水)는 '1'이며, 음의 수(水)는 '6'이다.

명리학에서 숫자는 기운의 흐름과 성향을 상징하며, 이를 잘 활용하면 재물운이나 인생의 방향을 바꾸는 개운의 실마리로 삼을 수 있다.

	목(木)	화(火)	토(土)	금(金)	수(水)
양(陽)	3	7	5	9	1
음(陰)	8	2	0	4	6

여러 번 강조했듯, 재물운을 중심으로 사주를 해석하는 운세론적 관점에서 가장 중요한 핵심은 자신의 용신(用神)과 희신(喜神)의 오행을 아는 것이다. 만약 내가 어떤 오행의 기운을 필요로 하는지, 혹은 어떤 기운이 들어올 때 운이 풀리는지를 안다면, 그 오행을 상징하는 숫자를 통해 금전운을 여는 행운의 열쇠로 활용할 수 있다.

나에게 좋은 행운의 숫자를 안다면, 인생을 살며 무언가 숫자를 정해야 되는 순간에 작은 개운을 쌓아가며 좋은 운을 만들어가는 개운을 실천할 수 있다. 또한 사주가 음양적으로 어느 한쪽으로 치우쳐 있는 명이라면, 오행의 숫자를 양의 홀수와 음의 짝수로 구분하여 좀 더 정교하게 우선 순위를 세울 수 있다.

예를 들어 목(木)과 수(水)가 길운을 가져다주는 명이 있다고 가정해보자. 여기에 사주 전반에서 음의 기운이 상대적으로 강하다면, 양의 기운을 보충하기 위해 홀수 숫자를 활용하는 것이 명의 균형을 이루는 데 도움이 될 것이다.

따라서 4개의 행운의 숫자를 꼽자면, 목(木)의 기운을 가진 '3'과 '8', 수(水)의 기운을 가진 '1'와 '6'이 그것이다. 만약 2개의 숫자만 선택해

야 한다면, 양의 기운을 가진 목(木)의 '3'과 수(水)의 '1'이 도움이 될
것이다.

결론적으로 명의 균형을 보완하기 위한 개운의 숫자를 정한다면,
'1,3,6,8'의 숫자를 조합하여 선택하면 좋을 것이다. 전화번호나 차량
번호, 통장이나 신용카드의 비밀번호처럼 숫자가 쓰이는 우리의 일상
은 생각보다 많다. 그때마다 자신의 용신과 희신을 상징하는 숫자를
선택해 개운을 해볼 수 있다.

이것은 단순히 복권 번호를 고르는 차원을 넘어, 본인에게 부족한
기운을 채우고 좋은 기운을 불러들이려는 실천에 가깝다. 개운의 숫
자와 색을 일상 속에서 의식적으로 활용한다면, 그것은 부적 같은 미
신적인 행위가 아닌 현실적인 개운의 습관이 될 것이다.

그렇게 쌓인 작은 선택들이 모여 결국 좋은 운의 흐름을 만들어내
는 힘이 된다. 이것이 바로 숫자를 통한 개운의 힘이며, 하늘이 내린
명을 단순히 따르는 것을 넘어 스스로 운명을 만들어가는 삶의 지혜
인 것이다.

색채 명리학,
개운의 시작은 색(色)에서 온다

오행으로 읽는 나의 퍼스널 컬러

최근 들어 퍼스널 컬러(personal color)가 단순한 뷰티 트렌드를 넘어, 자기 이해의 한 방식으로 관심을 모으고 있다. 사람들은 단지 화장품이나 옷을 고르는 색의 기준을 찾는 것을 넘어, 자신이 지닌 본래의 이미지와 그 안에서 '나답게 빛나는 방법'을 발견하려고 하는 듯하다.

이와 같은 트렌드 속에서 소위 '색채 명리학'도 새롭게 주목받고 있다. 명리학에서는 오방색(五方色), 즉 '청(靑)·적(赤)·황(黃)·백(白)·흑(黑)'이 각각 오행의 '목·화·토·금·수'의 기운을 상징한다고 본다. 그러나 최근에는 이를 한층 확장해 개인의 사주와 조화를 이루는 색을 통해 삶의 방향과 에너지를 조율하는 방향으로 발전하고 있다.

　대부분의 사주는 완벽하게 균형 잡혀있지 않다. 누구나 자신의 명(命) 안에 아쉬움과 부족함을 지니고 살아간다. 이때 부족한 기운을 보완하고 과한 기운은 덜어내며, 조화롭게 만드는 가장 손쉬우면서도 강력한 개운 방법 중 하나가 바로 '색(色)'을 통한 보완이다.

　예를 들어, 자신의 사주에서 금(金)이 용신에 해당한다면, 중요한 미팅이 있는 날 '흰색' 옷을 입는 것은 좋은 개운법이 된다. 마치 장수가 전투에 나설 때 갑옷을 두르듯, 금의 기운을 몸에 걸치며 스스로에게 기세와 자신감을 높이는 효과가 있다. 또한 영업이나 운송업처럼 '차'가 중요한 도구인 직업이라면, 흰색 차량을 선택하는 것만으로도 성공과 안전의 기운을 더할 수 있다. 더 나아가 하루 대부분을 보내는 집안 공간에도 흰색 벽지나 흰색 계열의 그림을 배치한다면, 금의 맑고 단정한 기운이 내 안에 자연스럽게 스며들어 심리적인 안정감과 집중력, 그리고 내면의 확신을 북돋워줄 것이다.

　흥미로운 점은, 우주와 자연의 이치가 우리의 무의식 속에서도 작동한다는 사실이다. 우리는 의식하지 못하는 사이에도 스스로에게 맞는 색(色)을 선택하고, 그것을 통해 삶의 균형을 만들어간다. 마치 보이지 않는 기운이 우리를 이끌 듯, 사람은 본능적으로 자신의 에너지와 조화를 이루는 색에 끌리게 된다.

물론 때로는 개인적인 취향이나 유행에 휩쓸려, 오히려 자신의 길운을 약하게 만드는 색을 선택하기도 한다. 따라서 가장 중요한 것은 단순히 '나에게 어울리는 색'을 찾는 것이 아니라, '나를 지탱하고 기운을 더해주는 색', 즉 나의 용신(用神)과 희신(喜神)에 해당하는 색을 아는 일이다. 거듭 강조하듯, 자신의 용신과 희신을 아는 것은 단순한 사주 이론의 차원을 넘어, 나의 운을 이끌고 삶을 조화롭고 빛나게 하는 지혜의 출발점이 될 것이다.

일상의 작은 선택이 운(運)을 바꾼다

그렇다면, 저자인 나는 과연 어떤 색으로 개운을 실천하고 있을까?

앞서 잠깐 소개했듯, 나의 사주는 을목(乙木) 일간으로 화(火)를 용신으로 쓰는 명이다. 문제는 사주팔자 여덟 글자에 화(火)의 글자가 없어 아쉬움이 크다는 점이다.

이렇듯 내 명의 가장 핵심이 되는 '화'의 글자가 없다 보니, 명리학을 공부한 뒤로 개운을 실천하는 방법으로 화(火)를 적극적으로 찾기 시작했다. 그 대표적인 예가 바로 자동차다. 차량을 빨간색으로 바꾸면서, 외부 컬러는 물론 내부 시트까지도 빨간 가죽으로 마감된 차를 운전하고 있다.

중요한 미팅이 있는 날이면 옷장 앞에서 자연스럽게 손이 가는 색

역시 빨강이다. 마치 단단한 갑옷을 걸치듯, 붉은 계열의 셔츠나 재킷을 입고 '전장'으로 나선다.

평소 나는 눈에 띄는 것을 즐기는 성격은 아니다. 그러나 명리학 공부를 통해 내 명운 속에 화(火)가 얼마나 귀한 기운인지를 깨닫고 나서는, 더 이상 주저할 이유가 없었다. 나를 세상에 드러내고, 재물운을 끌어올려 줄 식상이자 용신인 화(火)의 기운을 적극적으로 불러일으키기 위해 선택한 빨간색 차는 단순한 취향이라기보다, 변화를 향한 하나의 '의식'에 가까웠는지 모른다.

금전운뿐 아니라 삶의 행복감까지 불러일으켜 줄 나만의 퍼스널 컬러인 화의 기운을 믿고, 한 걸음 내디딘 개운의 선택이 언젠가 새로운 명운의 길을 열어 줄 것이라 기대한다. 결국 삶은 언제나 그렇듯, 내가 자신을 어떤 색으로 바라보느냐에 따라 달라지며, 스스로 선택한 그 색이 비로소 나의 빛이 되어 세상 앞의 나를 더 환하게 비춰 줄 것이다.

명에 부족한 오행(五行)을 채워가는 사람들

명리학의 이치는 마치 '저울'과 같다. 저울이 한쪽으로 기울지 않고 균형을 이루기를 바라듯, 명리학에서 오행(五行)의 균형은 사주팔자에서 매우 중요한 개념이다. 앞서 살펴보았듯, 명리학은 음양오행의 조화를 통해 삶의 흐름을 이해하고 균형을 찾아가는 학문이다. 따라서 사주팔자 여덟 글자 속에 다섯 가지 오행이 고르게 갖춰져 있고, 어느 한두 가지 기운에 치우쳐 있지 않다면, 그 명의 주인은 원만한 성격과 큰 굴곡 없는 삶을 살아갈 가능성이 높다.

물론 오행이 모두 갖춰져 있다면 이상적이겠지만, 실제로 그런 사주는 드문 편이다. 대부분의 명(命)은 결핍과 불균형을 안고 있으며, 바로 그 불균형이 삶 속에서 진동과 격변을 만들어낸다. 그리고 인간은 그런 고난과 어려움을 극복하는 과정에서 한층 더 성장한다. 부족함이 있기에 우리는 그것을 채우려 노력하고, 그 과정에서 더 화려하게 꽃을 피우게 되는 것이다

결국 중요한 것은 자신의 삶에서 저울의 무게중심을 찾는 일이다. 치우쳐 있는 기운을 알아차리고, 부족한 부분을 채워나가려는 개운의 노력을 기울인다면, 우리의 명운도 점차 균형점을 찾아가게 될 것이다. 그것이 명리학이 말하는 삶의 지혜이며, 운명을 다스리는 첫걸음이다.

부족함이 삶을 이끈다

대학교수로 재직 중인 S씨는 스스로 자신의 부족한 오행을 채워가고 있다. S씨는 임수(壬水) 일간으로, '인성'에 해당하는 금(金)의 기운이 발복을 이끌어 주는 명이다. 그러나 사주팔자 여덟 글자에 금의 오행이 없어 매우 아쉬움이 크다.

S씨의 인생에서 중요한 시기였던 초년부터 30대까지의 대운은 금국(金局)으로 인성에 해당하는 금의 기운이 강하게 들어오는 시기였다. 덕분에 사주팔자에서 부족했던 금의 오행을 채워갈 수 있었고, 이는 S씨가 학문과 지식의 길을 걷는 데 큰 도움을 주었다.

	시주 (임인)	일주 (임오)	월주 (을해)	년주 (갑인)
천간	비견 壬	**일간(나)** 壬	상관 乙	식신 甲
지지	寅	午	亥	寅
	식신	정재	비견	식신
지장간	戊 편관 丙 편재 甲 식신	丙 편재 · 丁 정재	戊 편관 甲 식신 壬 비견	戊 편관 丙 편재 甲 식신

특히 S씨의 사주에서 연지와 시지에 자리한 인목(寅木)은 문창성(文昌星) 귀인에 해당한다. 합격운이나 승진운, 문서운을 관장하는 불교의 '문수보살'에 비유되는 문창성 귀인이 사주에 있어, S씨는 학문적 성취를 높일수록 발복에 큰 도움이 되는 명이다.

격국으로 보면 S씨는 '양인격'에 해당한다. 자신의 전공을 살려 돈을 버는 사업을 하더라도 성공할 수 있었지만, 직장생활을 그만두고 S씨는 스스로 교수의 길을 선택했다. 양인격은 직업의 폭이 넓고 스스로 의지를 세워 원하는 길을 개척해 나가는 힘이 크기 때문에, 교수를 비롯해 본인이 원한다면 다양한 직업이 가능하다. 젊은 시절 금(金)의 인성운이 강하게 들어오고 명에 관성인 토(土)가 없다 보니, S씨는 본인의 명운에 따라 자연스레 명예와 사회적 지위에 대한 열망이 컸다.

교수로서 S씨는 임수 일간답게 지혜롭고 사고력이 깊으며, 사주팔자 여덟 글자에 식상의 기운도 강해, 말과 글로 자신의 생각을 풀어내는 능력도 뛰어나다. 또한 일지에 도화 글자인 오화(午火)를 깔고 있어 뛰어난 언변과 타고난 매력이 더해져, 학생들은 물론 주변 사람들로부터 인기를 독차지하고 있다.

한편 S씨는 자신에게 부족한 인성의 기운인 생각과 숙고의 시간을 종교 활동을 통해 스스로 채워 나가고 있다. 이는 S씨가 명리학을 공부해서 알게 되었기 때문도, 사주 상담에서 조언을 들었기 때문도 아니었다. 금국(金局) 대운의 좋은 흐름 속에 스스로 어떤 자연스러운 끌림에 이끌리듯, 자신에게 부족한 오행의 기운을 찾아 그 길에 들어선 것이다.

명리학을 공부하며 종종 발견하게 되는 이러한 현상은 참으로 흥미롭게 다가온다. 사람은 때때로 자신의 사주 구조를 알지 못해도, 우주의 섭리 속에 본능적으로 부족한 기운을 보완하는 선택을 하곤 한다. 그리고 그 길은 그들의 삶을 더 조화롭고 균형 있게 만들어준다. 물론 중요한 선택의 순간에 사주팔자의 정확한 통변을 만나 제때 그 '길'을 찾아갈 수 있다면, 그것은 더할 나위 없이 다행스런 일일 것이다.

오행의 빈자리를 스스로 채워가는 개운의 길

50대 직장인인 J씨는 대학을 졸업한 뒤 30년 가까이 직장 생활을 이어오고 있다. 그는 갑오(甲午) 일주로 이상이 높고 총명하며 언변이 뛰어난 명이다. 또한 사주 구조상 재성도 탄탄하여 신왕재왕(身旺財旺)한 명으로, 부(富)를 누릴 수 있는 사주팔자를 가지고 태어났다.

	시주 (무진)	일주 (갑오)	월주 (갑인)	년주 (계축)
	편재	일간(나)	비견	정인
천간	戊	甲	甲	癸
지지	辰	午	寅	丑
	편재	상관	비견	정재

갑목(甲木)의 생육을 도와주는 화(火)의 기운과 갑목에게 필요한 토(土)가 천간과 지지에 잘 자리잡고 있다. 또한 계수(癸水) 역시 천간에서 흐르고 있어, 전반적으로 균형 잡힌 사주 구조를 보인다.

다만 아쉬운 점은 신강한 갑목(甲木) 일간을 다스려줄 수 있는 '관성'에 해당하는 금(金)의 기운이 사주팔자 여덟 글자에 없다는 것이다. 목의 기운이 왕성한 인(寅)월에 태어난 J씨는 타고난 우두머리 기질과 강한 추진력을 지니고 있다. 그러나 그만큼 고집이 세고 자기주장이 강한 갑목(甲木)이기 때문에, 이러한 기운을 절제하고 균형을 잡아줄 관성이 절대적으로 필요하다. 다행히 축토(丑土)의 지장간에 신금(辛金)이 있기는 하나, J씨 사주에서 금(金)의 오행이 없다는 점은 아쉬움이 크다.

J씨의 사주를 상담하며, 육십대 이후에도 크게 발복할 기회가 찾아올 만큼 앞으로 큰 재물을 이룰 가능성이 높다고 전했다. 다만 그 재물을 지키고 스스로를 다스릴 수 있는 기운이 부족하니, 개운을 위해 명상이나 산책처럼 자신을 다스릴 수 있는 일상의 습관을 가지면 좋겠다는 조언도 함께 덧붙였다.

앞으로 몇 년 뒤 그는 자신의 명운에 따라 직장 생활을 마무리하고 본인의 사업을 시작하게 될 것이다. 자신의 강한 기질과 고집을 다듬으며, 다가올 발복의 길운을 맞이할 개운을 지금부터 준비한다면, '때'가 왔을 때 자신에게 주어진 '길'을 흔들림 없이 걸어갈 수 있게 될 것이다.

나의 조언을 깊이 받아들인 J씨는 그날 이후 몇 년째 거의 매일 시간을 내어 회사 인근 산책로를 걷고 있다. 그는 산책을 할 때마다 늘 같은 장소에서 사진을 찍어 지인들에게 인증샷을 보내고 있다. 비 오는 날에도, 겨울의 매서운 추위에도, 여름의 무더위에도 변함없이 자신과의 약속을 지켜가고 있는 것이다.

이렇게 꾸준한 산책을 통해 자연과 교감하며 명상의 시간을 갖는 일은 단순한 습관을 넘어, 자신에게 부족한 기운을 스스로 채워가는 개운의 길이다. 또한 이는 '자연적 개운법'으로, 수행자들이 밝은 태양빛 아래에서 호흡을 고르고, 고요한 새벽 숲길을 걸으며 기운을 다스리는 것도 같은 이치다. 흙을 밟고 나무를 느끼며 자연의 기운과 하나가 되는 순간, 인간의 몸과 마음은 가장 근원적인 치유의 힘을 얻게 된다.

자연 속에 들어가 몸과 마음을 조화롭게 하며 나를 다스리는 개운의 시간, 이렇게 쌓인 작은 노력들은 마침내 J씨에게 재복의 길운을 열어주고, 단단히 뿌리 내린 높고 큰 나무에 아름다운 열매를 맺게 할 것이다.

명에 주어진 '가야 할 길'을 찾아가는 사람들

최진석 교수는 『장자』 「달생」 편에 나오는 유명한 '나무 닭(木鷄)'의 이야기를 통해, '자기를 자기로 만드는 힘'을 덕(德)이라 설명했다. 이때 덕(德)이란 외부의 자극에 흔들리지 않고 태연자약(泰然自若)하게 서 있을 수 있는 내면의 기세를 말한다.[7]

장자의 나무 닭은 '자기 자신으로 존재하는 상태'로 경쟁의 시대에서 타인과 비교하거나 이기려는 자가 아니라, 외부에 반응하지 않고 온전히 자기 자신을 세우고 나 자신을 이기려는 사람이다. 이러한 나무 닭, 목계(木鷄)의 경지에 이르고자 했던 나에게, 명리학은 많은 가르침을 주었다.

사람들은 명리학은 몰라도 우주의 기운으로 자신에게 주어진 오행

---

7   출처 : 최진석, 「탁월한 사유의 시선」, 21세기북스, 2018, 229쪽

의 그 '길'을 찾아 나아간다. 결국 우리의 삶은 외부에서 정해주는 길이 아니라, 이미 내 안에 주어진 기운을 찾아내고 그것에 맞는 길을 걷는 과정이다. '가야 할 길'을 제대로 이해하고 따라갈 때, 우리는 비로소 비교나 경쟁에서 벗어나 온전히 자기 자신으로 존재하며, 하늘이 내린 명운대로 살아가는 삶에 다다르게 될 것이다.

재불에서 명성으로, 운의 흐름이 이끄는 인생2막

글로벌 기업에서 임원으로 퇴임한 뒤 50대에 새로운 인생을 시작한 Y씨는 자신의 명운이 이끄는 '길'을 가고 있다. 유리 천장이 높은 한국 사회에서 커리어를 쌓아온 그녀는 외국계 기업에서 '최초의 여성 임원'이라는 타이틀을 얻을 만큼, 자신의 전문성을 인정받으며 화려한 30대와 사십대를 보냈다.

	시주 (갑진)	일주 (정해)	월주 (기미)	년주 (무신)
	정인	**일간(나)**	식신	상관
천간	甲	丁	己	戊
지지	辰	亥	未	申
	상관	정관	식신	정재

Y씨의 사주는 정해(丁亥) 일주로 '인성'인 목(木)을 용신으로 쓰는, 일명 신약용인격(身弱用印格)의 명이다. 사주팔자에 오행이 고루 갖추어져 있고, 음양의 균형 또한 비교적 잘 이루어진 명이다. 균형 잡힌 사주를 가진 명 답게, 성격도 부드럽고 조화로운 리더쉽을 지녀 사람들과의 관계도 원만하다.

20대부터 사십대까지 그녀의 삶에는 가장 든든한 지원군이라 할 수 있는 용신인 목국(木局)의 기운이 강하게 흘렀다. 이 시기 그녀는 하고자 하는 일마다 순조롭게 성취를 이루었고, 미국에서 MBA와 석사 학위를 취득했으며, 국내·외 여러 전문 자격증까지 두루 갖추게 되었다. 그러나 사주가 보여주는 우주의 질서는 늘 변화한다. 목국(木局)을 지나 경자(庚子)년부터 시작된 수국(水局)의 계축(癸丑) 대운에 들어서면서 그녀의 삶은 큰 전환점을 맞게 된다. 오랫동안 몸담았던 회사를 떠나, 새로운 제2의 인생을 시작하게 된 것이다.

고민이 깊던 그 시기에, 나는 Y씨의 명에 주어진 길을 따라 인성의 기운을 살려, 공부와 자격증을 통해 식상의 재주를 세상에 펼치는 '길'을 제안했다. 그녀는 나의 조언을 참고해 지난 30여 년 동안 해왔던 업무와 전혀 다른 새로운 영역으로 발걸음을 옮겼다. 하지만 이것을 단순히 나의 사주팔자 통변의 힘 때문이라고 말하고 싶지는 않다. 오히려 사주가 지닌 묘한 우주의 이끌림, 즉 계축(癸丑) 대운 속에 천간의 '무계합'으로 화(火)의 기운이 다소 살아나고, 지지의 축미(丑未) 개고로 운의 흐름이 열리면서, 그녀를 자연스럽게 새로운 인생 2막의 '가야 할 길'로 이끌었다고 본다.

MBA 학위를 비롯해 전문 지식과 자격증, 상관의 재주로 상관생재(傷官生財)의 길을 걸으며 재물을 쌓아온 그녀는, 앞으로 이어질 수국(水局)의 시기에는 재물보다는 사회적인 지위와 명성에 초점이 맞춰진 관인상생(官印相生)의 길을 가게 될 것이다.

지금 그녀는 사주가 이끄는 자신에게 주어진 '가야 할 길' 위에서, 스스로 꽃과 나무를 심으며 새로운 길을 가꾸고 있다. 그 길에서 오랜 시간 쌓아온 지식과 경험을 토대로 자신의 재능을 세상과 나누며, 인생 2막의 즐거움을 한 걸음씩 내딛고 있는 것이다.

오행으로 읽는
건강의 비밀과 개운법

음양오행의 균형이 몸을 살리고 삶을 단단하게 한다

음양오행의 이론은 동양 사상의 뿌리에 있는 사유 체계로, 우주의 만물이 '목(木)·화(火)·토(土)·금(金)·수(水)'의 다섯 기운이 서로를 도우며(상생) 또는 제어하며(상극) 순환하는 원리에 따라 세상을 해석하고 자연의 법칙을 탐구하는 세계관이다.

현존하는 가장 오래된 의학서인 『황제내경』 역시 이 음양오행의 원리를 인체에 적용하여 질병을 이해하고 치료하는 이론을 세웠다. 이 책에서는 사람이 형체를 받고 태어난 이상, 음양의 변화에서 벗어날 수 없다고 보았다.[8] 인간의 몸 또한 자연의 일부이기에, 오행의 순환

---

8 출처: 김기욱, 「뜻으로 푼 황제내경 소문 · 영추」, 법인문화사, 2014, 45쪽

과 상생·상극의 법칙에서 자유로울 수 없다는 뜻이다.

음양오행의 이론은 2,000여 년 동안 수많은 의학자와 학자들에게 영감을 주었고, 한의학에서는 질병의 원인을 해석하고, 치료와 식습관의 방향을 제시하는 중요한 이론적 토대가 되었다. 이렇듯 음양오행은 우주의 운행 원리를 해석하는 동시에, 인간의 몸과 마음을 읽는 '거울'이라 할 수 있다. 자연이 끊임없이 상생하고 상극하며 조화를 이루듯, 인간의 몸도 그 질서 안에서 건강을 유지하고 병을 치유하게 된다.

건강을 위한 개운법은 크게 '선천적 개운', '후천적 개운', '자연적 개운'이라는 3가지 방법으로 생각해 볼 수 있다. 먼저 '선척적 개운'은 타고난 체질과 기운을 이해하고, 그에 맞게 보완하며 삶의 방향을 설계하는 방법이다. 예를 들어, 사주에 수(水)의 기운이 지나치게 강한 사람이라면, 화(火)의 기운을 보충하는 생활 습관이나 환경을 만드는 것이 여기에 해당한다. 반면 '후천적 개운'은 병원 진료나 약물 복용, 수술이나 치료와 같은 인위적인 방법을 통해 건강을 회복하고 기운의 균형을 맞추는 방식이다. 마지막으로 근본적이면서도 가장 강력한 개운법은 앞서 소개한 '자연적 개운'이다. 아플 때 산이나 바다와 같은 자연 속에 들어가 몸과 마음을 쉬게 하거나, 계절의 변화를 온전히 느끼며 자연의 리듬에 몸을 다시 맞추는 일들은 모두 자연적 개운에 속한다.

명리학은 이 모든 과정을 하나의 흐름으로 바라본다. 선천적인 것은 바꿀 수는 없지만 이해할 수 있고, 후천적인 것은 우리의 의지와 노력으로 조절할 수 있으며, 자연적인 것은 우리를 넘어서는 거대한 힘이지만 자연과 조화롭게 연결될 때 우리는 더 큰 치유력과 개운의 길을 만나게 된다.

결국 중요한 것은, 자신의 건강에서 어떤 부분이 상대적으로 허약한지를 아는 것이다. 좀 더 신경을 써야 하는 내 몸의 약한 고리를 알게 된다면, 다양한 개운법들을 적절히 활용하며 나에게 맞는 건강 관리법을 찾아낼 수 있다.

물론 건강 상담과 치료에 있어서는 어디까지나 전문의의 의학적 소견이 최우선이다. 다만 자신의 취약한 장기와 기운의 특성을 이해하고 있다면, 질병이 생기기 전에 미리 예방하고 관리하는 지혜를 얻을 수 있을 것이다.

몸의 오행을 읽을 때 건강의 해답이 보인다

이러한 관점을 건강에 적용해 보면, 앞서 PART 1에서 살펴봤듯 목(木)은 머리와 간, 화(火)는 가슴과 심장, 토(土)는 배와 위, 금(金)은 폐와 대장, 수(水)는 신장과 생식기와 깊은 연관이 있다.

본인의 사주에서 어떤 오행이 지나치게 강한지, 혹은 부족한지를 이해하는 것은, 자신의 건강 관리에서 어느 부위를 좀 더 세심하게 돌봐야 하는지를 알게 되는 중요한 단서가 된다.

	목(木)	화(火)	토(土)	금(金)	수(水)
건강	머리, 간	가슴, 심장	비장, 위	폐, 대장	신장, 생식기

예를 들어, 위는 오행 중 토(土)에 속하며, 폐는 금(金)에 속한다. 오행의 상생 이론에서 '토생금'이라 하듯, 토는 금을 낳는다. 『내경』에서는 이 원리를 바탕으로 위(비장)를 건강하게 함으로써, 폐의 허약함을 치료할 수 있다고 설명한다.

반대로 '화극금'의 관계를 보면, 화(火)에 속하는 심장의 혈액 기능이 튼튼하면, 금(金)에 속하는 폐의 호흡 기능이 다소 약하더라도 이를 보완할 수 있다고 한다. 이처럼 오행의 관점에서 보면, 얼굴이나 장기의 일부조차도 단순한 신체적 요소가 아니라, 기운의 흐름과 운명을 결정짓는 중요한 상징이 된다.

건강과 관련하여 음식 또한 단순히 배를 채우는 의미를 넘어, 자신에게 부족한 기운을 채우거나 과한 기운을 덜어내어 균형을 맞추는 개운법이 될 수 있다. 예를 들어, 오행 중 목(木)의 기운은 간과 연결된다. 사주팔자 여덟 글자에서 목이 중요한 오행이거나 목의 기운이 필요한 사람이라면, 간의 기운을 돕기 위해 헛개나무차나 쑥차를 꾸준히 마시는 것이 도움이 될 것이다. 또한 목의 기운을 지닌 '푸른색' 채소, 이를테면 시금치나 미나리를 섭취하는 것도 필요한 오행의 기운을 보충하는 좋은 방법이 될 것이다.

같은 이치로 수(水)의 기운이 중요한 명이라면, 신장을 보호하는 것이 건강 개운의 핵심이 될 것이다. 이를 위해 옥수수수염차나 구기자차처럼 신장에 좋은 차를 마시거나, 수의 기운을 상징하는 '검은색' 식품인 검은콩이나 검은깨를 자주 섭취하면 도움이 될 것이다.

이처럼 인간의 몸 역시 자연의 일부이기에, 오행의 순환과 상생·상극의 법칙에서 자유로울 수 없다. 결국 건강을 지킨다는 것은, 곧 자연의 리듬 속에서 나 자신의 기운을 조화롭게 다스리는 일이다.

타고난 기운을 이해하고, 지켜가는 건강의 지혜

사십대 여명 L씨는 한겨울 1월에 태어난 임자(壬子) 일주다. 수(水) 일간으로 차가운 기운을 타고난 그녀의 사주는 화(火)를 용신으로 쓰는 명이다. 그러나 사주 전체에서 수의 기운이 강하다 보니, 수(水)가 화(火)를 극하는 '수극화'의 상극 작용이 일어나, 건강에 치명적인 영향을 줄 수 있는 사주 구조를 가지고 있다.

그녀는 이러한 '수극화'의 오묘한 관계를 보여주듯, 화(火)의 기운이 있는 심장에 지병이 있었다. 그러다보니 뒤늦은 결혼으로 어렵게 아이를 임신하게 되었을 때 걱정이 앞섰다. 더구나 사십대 늦은 나이에 임신이다 보니 심장에 무리를 주지 않아야 했다. 그런 그녀가 본인의

	시주 (을사)	일주 (임자)	월주 (을축)	년주 (계해)
천간	상관 乙	**일간(나)** 壬	상관 乙	겁재 癸
지지	巳 편재	子 겁재	丑 정관	亥 비견

건강보다 태아에 대한 건강 걱정으로 상담을 원했다. 제왕절개를 해서 아이를 낳아야 되는 그녀에게, 산모와 태아 모두가 건강할 수 있는 날을 택일해 주길 바란 것이다.

다만 그녀는 산모의 상황으로 인해 일반 산부인과가 아닌 대학병원에서 출산을 앞두고 있었다. 대학병원의 특성상 수술 일정을 조정하는 것이 쉽지 않았지만, 다행히 아이가 태어날 해는 화의 기운이 강한 기사(己巳) 대운에 을사(乙巳)년으로, 하늘의 천운으로 그녀에게 좋은 '때'였다. 우연처럼 보이지만 더욱 운이 좋았던 것은, 대학병원 또한 그녀에게 큰 힘을 실어줄 수 있는 화(火)의 기운을 지닌 '장소'였다는 점이다.

평소 사주에 큰 관심이 없던 그녀였지만, 어렵게 얻은 첫 아이를 품고 있던 만큼 출산과 건강에 대한 불안감이 컸다. 그래서 나는 좋지 않은 기운이 작용하는, 반드시 피해야 할 날짜와 시간을 먼저 짚어준 뒤, 산모와 태어날 아이 모두에게 좋은 기운이 흐르는 날을 몇 개 추려내 택일해 주었다. 태어날 아이의 사주도 나쁘지 않고, 산모와 아이 모두 건강할 것이니 너무 염려하지 말라고 응원의 말도 더했다. 훗날 그녀는, 그 말이 큰 수술을 앞둔 자신에게 적지 않은 위로와 마음의 버팀목이 되었다고 이야기해 주었다.

대학병원이라는 특성상, 가장 좋은 날과 가장 좋은 시간에 맞춰 출산하지는 못했지만, 피해야 될 '때'를 걸러낼 수 있었고, 산모의 심장에 큰 무리 없이 아이를 건강하게 순산할 수 있었다. 지금도 L씨는 화의 기운을 가진 심장의 건강을 꾸준히 살피며, 아이와 행복하게 잘 지내고 있다.

사람들은 이런 사례를 두고 '가족력이 있다'거나 '유전적인 문제'라고 단정하기 쉽다. 그러나 자연이 늘 상생과 상극의 원리 속에서 균형을 이루듯, 우리의 몸 역시 자연의 질서 안에서 건강을 유지하고 병을 치유한다.

자신의 사주팔자 구조를 알면, 우리 몸의 어떤 부분이 상대적으로 취약한지 미리 예견하고 대비할 수 있다. 명리학을 단순히 운명을 점치는 도구가 아닌, 몸의 언어를 읽고 스스로 조심하며 돌보는 삶의 지혜로 활용하길 바란다.

죽음과 명리학, 관성(官星)의 향방을 살펴라

예측이 아니라 대비, 삶을 완성하는 또 다른 운(運)의 이치

인간의 삶은 '생(生)·노(老)·병(病)·사(死)'라는 4단계의 사이클 속에서 흘러간다. 어느 한 순간도 소중하지 않은 때는 없다. 누구나 태어나고, 늙고, 병들고, 결국은 죽음을 맞이한다. 부자든 가난한 사람이든, 권력을 가진 자든 평범한 사람이든, 죽음이라는 문턱은 모두에게 예외 없이 찾아온다. 다만 우리는 그것이 언제, 어떤 모습으로 찾아올지 알지 못하기 때문에, 삶의 매 순간 불안과 두려움을 느끼며 살아간다.

죽음에 대한 이러한 두려움이 우리를 종교나 신앙으로 향하게 만드는지도 모른다. 공자가 『논어』에서 말했듯,

"삶도 아직 제대로 알지 못하는데, 어찌 죽음을 알겠는가.
(不知生, 焉知死)"

죽음은 인간의 지혜로는 완전히 이해하거나 예측하기 어려운 차원의 일이다.

명리학은 죽음의 정확한 시점을 단정적으로 알려주지는 않는다. 하지만 명리학의 시선은 죽음이 다가올 가능성이 높은 시기, 즉 건강을 각별히 살펴야 할 때나, 주의해야 할 질병의 징조를 미리 짚어볼 수 있게 한다. 이를 통해 우리는 생의 마지막을 향해 가는 과정 속에서 조심하고 대비하는 지혜를 얻을 수 있다.

죽음의 형태는 크게 두 가지로 나눠볼 수 있다. 하나는 오랜 지병을 앓다가 서서히 생을 마감하는 경우이고, 다른 하나는 심장마비나 사고처럼 예기치 못한 순간에 갑작스럽게 찾아오는 죽음이다.

명리학에서는 이러한 죽음의 양상 역시 사주팔자의 구조로 어느 정도 가늠할 수 있다고 본다. 그 중 한 가지로 갑작스러운 병이나 사고로 인한 죽음의 가능성을 살필 때는 관성(官星)의 향방을 세심히 살펴야 한다. 관성이란 일간, 즉 '나'를 제어하고 극하는 오행을 뜻한다. 여기서 분명히 짚고 넘어가야 할 점은, 나를 극하는 관성이 항상 부정적인 기운을 의미하는 것은 아니라는 것이다. 관성의 글자가 연운이나 대운에서 들어온다고 해서 막연히 두려워할 필요는 없다. 앞서 사례에서 보듯, 사주팔자의 전체 구조에 따라 관성은 오히려 귀한 발복의 글자로 작용해 재물과 명예를 가져다주는 핵심의 글자가 되기도 한다.

다만 건강의 관점에서 볼 때, 사주팔자 여덟 글자에 따라 관성이 다른 의미로 다가올 수 있다. 대운이나 연운, 때로는 일진의 흐름이 좋으면 위태로운 순간을 무사히 넘길 수 있지만, 그렇지 못한 경우는 안타까운 결말로 이어질 가능성 또한 높아질 수 있다.

죽음을 피할 수 있는 사람은 없다. 그러나 명리학을 통해 그 가능성을 미리 읽고 대비할 수 있다면, 그것 또한 삶을 현명하게 살아가는 지혜로운 개운이 될 것이다. 우리가 죽음을 이해하는 만큼 삶을 더 깊이 바라볼 수 있고, 미리 준비하고 조심함으로써 위기의 순간을 넘길 수 있다면, 우리의 삶은 한층 더 단단하고 의미 있는 여정이 될 것이다.

관성의 기운이 드리운 한 인물의 삶

대중의 사랑을 한 몸에 받았던 연예인 K씨의 삶은 명리학에서 말하는 관성(官星)의 힘이 때론 무섭고 치명적으로 작용할 수 있음을 보여준다.

K씨는 기유(己酉) 일주로 토(土)와 화(火)의 기운이 길운으로 작용하는 사주를 가지고 태어났다. 사주에서 화(火)의 기운이 강하게 작용하는 사람은 무대나 스포트라이트 아래에서 빛을 발하는 기질을 지녔다

고 본다. 더구나 K씨는 식상의 기운도 강하여, 남들 앞에 서는 것을
좋아하고 표현력이 풍부한 성향으로 연예인의 '길'이 잘 맞는 명이다.

	시주 (–)	일주 (기유)	월주 (병신)	년주 (병오)
천간	–	**일간(나)**	정인	정인
	?	**己**	**丙**	**丙**
지지	**?**	**酉**	**申**	**午**
	–	식신	상관	편인

태어난 해부터 30년간 이어진 화국(火局) 대운은 K씨에게 강력한 상
승운으로 작용해, 갑오(甲午) 대운과 계사(癸巳) 대운의 흐름 속에 K씨
는 인생의 황금기를 보내게 된다. 그러나 30대 중반 이후 시작된 목국
(木局) 대운부터 운의 흐름은 서서히 달라지기 시작했다. 목(木)은 신약
한 K씨에게 관성의 기운으로, 정신적으로나 육체적으로 건강에 부담
을 주는 흐름으로 건강면에서는 부정적으로 작용할 수 있었다.

K씨가 갑작스럽게 죽음을 맞이하게 된 날은 경인(庚寅) 대운 아래 임
인(壬寅)년이었다. 무관(無官)·무재(無財) 사주로 추정되는 K씨의 명에
목(木)의 관성운과 수(水)의 재성운이 함께 들어오면서 급작스러운 죽
음을 맞이하게 된 것으로 해석된다.

특히 생을 마감하게 된 임인(壬寅)년은 천간의 병화(丙火)와 임수(壬水)가 '병임충'을 이룬 해였다. 또한 지지에서는 오화(午火)와 연운의 인목(寅木)이 '인오' 반합을 이루어, K씨가 버틸 수 있는 인성의 도움이 부족해진 해였다. 즉, 명에서 귀한 화(火)의 기운이 천극지합(天剋地合)의 작용으로 천간과 지지가 동시에 변화가 심해진 시기로, K씨는 버티기 어려운 시간을 끝내고 삶의 강을 건너게 되었다.

한 사람의 삶과 죽음을 통해 우리는 명리학의 본질을 다시 생각하게 된다. 운(運)은 단지 성공과 실패를 가르는 힘이 아니라, 때로는 삶과 죽음까지도 좌우하는 거대한 흐름이라는 것이다. 화려한 전성기 뒤에도 운의 방향이 바뀌면, 삶의 무대는 전혀 다른 모습을 드러낸다. 명리학은 죽음을 피하게 해주지는 못하지만, 그 흐름을 미리 읽고 대비할 수 있는 지혜를 준다. 운을 읽는다는 것은 단순히 미래를 예언하는 것이 아니라, 예기치 못한 순간에 대비하고 삶을 보다 주체적으로 살아가기 위한 통찰을 얻는 과정이다.

이때 중요한 것은 특정 글자의 길흉에 집착하는 태도가 아니라, 사주 전체의 구조와 운의 흐름을 함께 읽는 종합적인 통변의 시선이며, 이를 바탕으로 한 개운의 자세다. 그런 점에서 명리학은 운명에 휘둘리는 학문이 아니라, 죽음을 성찰함으로써 삶을 깊이 이해하고, 선택의 가능성을 넓혀주는 '삶의 인문학'이라 할 수 있다.

<h1 style="text-align:center;color:#c0392b">인생 2막, 불혹 이후
찾아오는 합기대운(合氣大運)</h1>

인생의 국면이 달라지는 문턱, 합기대운

공자는 『논어(論語)』 「위정(爲政)」편에서 인간의 성장과 성숙을 다음과 같이 단계적으로 설명했다.

"열 다섯 살에 학문에 뜻을 두었고, 서른 살에 확고히 자리를 잡았으며, 마흔 살에 가지 못하는 길과 갈 수 있는 길을 두고 의심이 없었고, 쉰 살에 하늘의 뜻을 알게 되었으며, 예순 살에 어떤 소리를 들어도 거슬림이 없었고, 일흔 살에 마음이 원하는 대로 해도 법도에 어긋남이 없었다"

吾十有五而志于學(오십유오이지우학), 三十而立(삼십이립), 四十而不惑(사십이불혹), 五十而知天命(오십이지천명), 六十而耳順(육십이이순), 七十而從心所欲不踰矩(칠십이종심소욕불유구)

공자의 이 유명한 말씀은 누구나 한 번쯤 들어본 적이 있을 것이다. 불혹(不惑)이라 불리는 40세는 더 이상 미혹되지 않는 지혜로운 나이로, 자신의 가치 판단 기준이 분명해지고 삶을 통찰할 수 있는 때를 의미한다. 지천명(知天命)이라 하는 50세는 하늘의 뜻, 즉 천명(天命)을 깨닫는 시기다. 지금까지의 삶에서 겪어온 우여곡절과 기쁨과 슬픔, 행복과 불행을 통해 자연의 이치를 이해하고, 이 세상에서 자신이 맡은 역할과 사명을 알아가는 때인 것이다.

특히 공자는 『논어』「술이(述而)」편에서 일흔에 가까웠을 때 "나에게 몇 년을 빌려주어 쉰 살에 『역(易經)』을 배울 수 있었다면, 큰 허물을 범하지 않았을 것이다."라고 탄식했다고 한다. 이는 나이를 먹을수록 세상의 이치를 아는 것이 얼마나 중요한지를 일깨워주는 말이다. 단순히 지식을 쌓는 것을 넘어, 하늘의 질서와 자연의 흐름을 이해하고 받아들이는 것이야말로, 인생을 허물 없이 살아가는 길임을 공자는 말하고 있다.

끊임없는 배움과 자기 성찰을 강조했던 공자가 쉰 살이 되어서야 비로소 『역경』을 공부하며 만물의 이치를 깨달았듯, 불혹 이후의 나이는 누구에게나 인생의 중요한 전환점이다.

명리학에서 이를 잘 보여주는 개념이 바로 합기대운(合氣大運)이다. 합기대운은 각자의 사주팔자에서 대운이 시작되는 수, 즉 '대운수' 숫자에 따라 다르게 찾아오지만, 대체로 공자가 말한 불혹의 시기와 맞물리는 사십대에 오게 된다.

흥미로운 점은 이 합기대운이 도래할 때, 5번째 대운의 천간(天干) 글자와 사주팔자의 월간(月干) 글자가 반드시 합(合)을 이루게 된다는 점이다. 이는 마치 하늘이 정한 운명의 흐름과 인간의 삶이 한데 맞물리며, 새로운 길을 열어가는 순간과도 같다.

합기대운 이전의 삶을 '첫 번째 인생'이라 한다면, 합기대운 이후는 '제2의 인생'이라 부를 수 있다. 이렇듯 대운이 바뀌면 명의 흐름도 함께 달라지고, 그에 따라 삶의 국면 역시 새로운 전환점을 맞이하게 된다. 그 과정에서 비로소 우리는 명(命)에 주어진 '가야 할 길'을 만나기도 한다.

과거에는 운이 좋아 원하던 일이 쉽게 성취되었다 하더라도, 합기대운을 전후로 흐름이 달라지면, 같은 노력에도 다른 결과가 전개될 수 있다. 반대로 이전에는 아무리 애써도 풀리지 않던 일들이, 합기대운 이후에는 뜻밖에 자연스레 풀려 나가기 시작하는 경우도 있다.

이렇듯 대운(大運)은 한 사람의 삶에서 결코 고정된 것이 아니라, 시간의 흐름에 따라 조금씩 방향을 바꾸며, 새로운 국면을 열어주는 힘으로 작용한다. 30년 대운의 큰 흐름이 바뀌는 10년 주기마다, 짧게는 5년 주기마다 인생의 무대 또한 달라지며, 그것이 때로는 새로운 기회를 가져오기도 한다.

특히 불혹 이후 찾아오는 합기대운은 인생에서 매우 중요한 변곡점이다. 공자가 나이 40에 더 이상 미혹되지 않는 지혜를 얻었듯, 이 시기는 단순한 나이의 의미를 넘어, 하늘이 허락한 또 다른 가능성이 열리는 시기인 셈이다. 꽃이 피는 시기가 나무마다 다르듯, 운이 열리는 시기 역시 사람마다 다르다. 중요한 것은 그 변곡점을 맞이하며, 나에게 찾아온 새로운 흐름을 어떻게 읽고 활용할 것인가를 스스로에게 묻는 일일 것이다.

다섯 번째 대운과 월간이 합을 이루는 합기대운

50대 H씨는 여름의 기운이 강해지는 오화(午火)월에 태어난 기사(己巳) 일주다. 본인인 기토(己土) 일간을 생(生)해주는 인성인 화(火)가 많아 병이 되었는데, 특히 더운 여름에 태어나 화(火)의 기운이 강한 사주다.

조후적으로 한난조습의 균형이 무너져 기토 일간의 균형을 찾기 위해서는, 재성인 수(水)와 식상인 금(金)의 기운이 필요한 명이다. 다만 강한 토(土)의 기운을 극해주는 관성인 목(木)이 사주팔자에 없어 아쉬움이 크다.

	시주 (병자)	일주 (기사)	월주 (경오)	년주 (기유)
	정인	일간(나)	상관	비견
천간	丙	己	庚	己
지지	子	巳	午	酉
	편재	정인	편인	식신

	95	85	75	65	55	45	35	25	15	5
	상관	비견	겁재	편인	정인	편관	정관	편재	정재	식신
대운	庚	己	戊	丁	丙	乙	甲	癸	壬	辛
	辰	卯	寅	丑	子	亥	戌	酉	申	未
	겁재	편관	정관	비견	편재	정재	겁재	식신	상관	비견

그렇다면 H씨의 합기대운 전후의 삶은 어떠했을까?

사십대 중반부터 시작된 을해(乙亥) 대운은 월간의 경금(庚金)과 을목(乙木)이 '을경합'으로 합기대운을 이루었다. 합기대운 이전인 사십대 초반까지 30년 동안 금국(金局)으로, 자신의 재능을 맘껏 펼치는 대운의 좋은 흐름 속에서, H씨는 하고자 하는 바를 이루며 성공의 발판을 쌓았다.

일지의 사화(巳火) 역마의 기운으로 해외에서 두각을 보이며, H씨는 미국 명문대를 졸업한 뒤 이십여 년 동안 국경을 넘나들며, 해외를 무대로 글로벌 기업에서 전문가로 탄탄하게 자리를 잡았다.

특히 합기대운 시기에 한국으로 돌아오면서, H씨는 본격적으로 자신의 화려한 계절을 맞이했다. 합기대운의 운을 타고 책을 출간하며 H씨에게 부족했던 '관성'의 기운을 끌어올린 것이다. 언론 인터뷰와 강연이 이어지며 본인의 이름이 알려지기 시작했고, H씨의 눈부신 커리어는 한층 더 높은 궤도에 올라갔다.

사십대 중반부터 70대 초반까지 수국(水局)이 이어지는, 매우 훌륭한 대운의 흐름을 가진 H씨는 합기대운 이후 더욱 발복하는 명을 가졌다. 현재 50대 후반에 접어든 H씨는 병자(丙子) 대운의 강한 상승 기운을 타고 국내·외 무대에서 주목받으며, 인생의 황금기를 보내고 있다. 그동안의 꾸준한 노력과 탁월한 감각이 운의 흐름과 맞물리며, 마치 불빛이 한순간 환히 번지듯, 화려한 성공의 신화를 써 내려가고 있는 것이다.

우리는 흔히 성공을 젊음과 연결 지어 생각하곤 한다. 젊을 때 열심히 노력하지 않으면 기회를 놓치고, 한창 나이에 성취를 이루지 못하면 더 이상 늦었다고 여기는 것이다. 그러나 인생을 조금 더 길고 깊은 눈으로 바라보면, 성공에는 정해진 시기란 없다. 삶에는 누구에게나 저마다의 '때'가 있고, 그 흐름을 읽고 준비한다면 어떤 순간이라도 새로운 시작을 할 수 있다.

우리의 인생에서 꽃이 피는 순간은 반드시 찾아온다. 다만 그 시기가 사람마다 다를 뿐이다. 중요한 것은 꽃이 필 때를 조급해하지 않고, 지금 이 순간 씨앗을 심고 물을 주는 마음으로 하루하루를 살아가는 것이다.

명리학에서 말하는 합기대운은 그러한 삶의 '꽃 필 때'와 같다. 그것은 우리 인생의 두 번째 봄날이며, 제2막이 열리는 순간이다. 앞서 지나온 계절이 추위와 시련으로 가득했다 해도, 하늘이 정한 흐름이 바뀌는 그때가 오면 다시 꽃은 피어난다. 그리고 그 꽃은 첫 번째보다 더 단단하고, 찬란할 수 있다. 결국 인생의 봄날은 멀리 있는 것이 아니라, 시간이 흐르면 반드시 우리에게 찾아오는 것이다.

운(運)과 부(富)의
교차점

내 그릇에 맞는 재물의 크기를 알아야 한다

부의 그릇을 아는 것이 곧 운(運)을 아는 일이다

돈에 대한 욕망은 결코 나쁜 것이 아니다. 자신의 생계를 스스로 책임지고 해결하는 것은 우리 삶에 주어진 당연한 몫이며 숙제다. 다만 경계해야 할 것은 돈에 대한 욕망이 지나쳐 탐욕으로 변질되는 순간이다. 욕망이 나를 움직이게 하는 에너지라면, 탐욕은 그 에너지를 무너뜨리는 독이 될 수 있다.

명리학에서 말하는 재성(財星)은 단순히 '돈' 자체만을 의미하지 않는다. 그것은 한 사람이 다루고 감당할 수 있는 에너지의 크기이자 삶의 무게다. 따라서 사주팔자 여덟 글자에 재성이 강하다고 해서 반드시 큰 부자가 되는 것이 아니며, 재성이 약하거나 없다고 해서 가난하게 사는 것도 아니다. 중요한 것은 내 사주의 구조, 다시 말해 내 그릇에 맞는 재물의 크기를 알고 이를 탐하는 것이다. 그릇보다 많은 물을 담으면 넘쳐 흘러버리듯, 감당할 수 없는 재물은 오히려 삶을 무너뜨리는 원인이 될 수 있다.

운이 좋을 때는 쉽게 기회가 찾아오고, 투자도 잘되고, 재물이 모이면서 자신감이 생긴다. 그러나 누구에게나 운이 꺾이는 시기는 온다. 이때 많은 사람들이 실수를 저지른다.

운이 떨어지면 판단력이 흐려지고, 귀가 얇아지며, 불필요한 욕망이 고개를 든다. 누군가 "같이 사업하자"는 말에 솔깃해지고, 안정적인 직장을 그만두고 모아둔 돈을 한순간에 쏟아붓는 일도 벌어진다.

경제학자들이 자주 하는 말이 있다.

"위험이 없는 공짜 점심은 없다."

누군가의 달콤한 제안 뒤에는 언제나 감춰진 위험이 있고, 그것을 분별할 수 있는 눈이 없으면 재물은 한순간에 사라진다. 또한 투자와 재테크의 세계에는 "가격 상승은 마약이다"라는 말도 있다. 오르는 것을 보며 이성을 잃고 더 큰 욕망에 휘둘리게 되면, 결국 탐욕이라는 늪에 빠지게 된다는 경고다.

큰 부자가 되겠다는 꿈 자체는 나쁘지 않다. 그러나 그 재물이 내 그릇을 깨뜨릴 정도로 과한 욕심에서 비롯된 것이라면, 그것은 부가 아닌 재앙으로 바뀔 수 있다. 운이 좋아질 때까지 기다리고, 내 기운이 감당할 수 있는 만큼만 담아내는 것, 그것이 결국 재물을 지키는 가장 현명한 길이다.

재물은 단순히 돈의 문제가 아니라, 삶을 어떻게 꾸려가고 무엇을 감당할 수 있는가의 문제다. 내 그릇의 크기를 알고 그 안에서 채워갈 때, 비로소 돈은 삶을 파괴하는 독이 아닌, 삶을 단단하게 만드는 힘이 된다. 그것이 바로 명리학이 말하는 진정한 부(富)의 길이다.

돈이 들어온다고 알려진 재성운,
정말 항상 좋은 것일까?

삶의 무게를 견디는 힘, 그것이 진짜 재물이다

많은 사람들이 사주를 보며 가장 궁금해하는 것은 단연 "언제 돈을 벌 수 있나요?"라는 질문이다. 실제로 상담을 하다 보면, 금전운의 시기를 묻는 질문이 압도적으로 많다. 또한 주변에서 귀동냥으로 들은 사주 이야기 때문에 "재성운이 들어오면 돈이 술술 들어오고, 모든 일이 해결될 것이다"라는 막연한 믿음을 가진 사람도 적지 않다.

하지만 명리학의 시선은 조금 다르다. 재성운이 들어온다고 해서 그것이 반드시 '돈을 버는 좋은 운'으로 이어지는 것은 아니다. 오히려 그때부터 손재(損財), 즉 재물을 잃는 흐름이 시작되는 경우도 적지 않다.

　명리학에서 말하는 '재성'은 단순히 재물을 뜻하는 글자가 아니다. 그것은 명(命)의 주인이 감당하고 다룰 수 있는 힘과 그릇의 크기를 상징한다. 따라서 재물운이 들어올 때 이를 다룰 수 있는 '비겁'이 단단하고, 나를 이끄는 '인성'이 받쳐주며, 재물을 지탱할 '관성'이 함께 있을 때, 비로소 그 재물은 내 것이 될 수 있다. 다시 말해, 큰 재성이 들어온다는 것은 단순히 돈이 많아진다는 뜻을 넘어, 그 돈을 다루기 위한 힘과 선택의 무게 또한 커진다는 것을 의미한다.

　그릇보다 큰 물을 담으면 넘쳐버리는 것처럼, 사주팔자 여덟 글자가 재성을 감당할 힘이 부족한 사람에게 갑자기 큰 재물운이 들어오면 어떤 일이 벌어질까? 돈을 벌겠다는 조급함에 무리한 투자를 감행하거나, 재물을 쫓느라 건강을 잃을 수 있다. 혹은 재물을 지키기 위해 짊어져야 하는 대인관계와 사회적인 책임이 감당할 수 없을 만큼 커져 삶 자체를 짓누를 수도 있다.

　마치 작은 도끼로 가느다란 나뭇가지를 자를 때는 문제가 없지만, 거대한 나무를 그 작은 도끼로 베려 한다면 도끼는 부러져버리고 만다. 금(金)이라는 도끼가 감당할 수 없는 거대한 '재성'이라는 나무(木)를 욕심내다 보면, 즉, '금극목'으로 오히려 도끼가 부러지며 그 재물이 삶을 무너뜨리는 결과로 이어질 수 있다.

　공자는 『논어』에서 '과유불급(過猶不及)', 즉 "지나침은 모자람만 못하다"고 했다. 재물운도 이와 다르지 않다. 부족한 재성은 기회를 만들지 못하지만, 반대로 지나치게 강한 재성은 삶의 균형을 무너뜨릴 수 있다.

명리학은 재물 그 자체보다, "그 재물을 감당할 수 있는 힘이 있는가?", 그리고 "그 재물이 내 명과 조화를 이루고 있는가?"를 더 중요하게 본다. 결국 돈을 쫓는 마음보다 필요한 것은, 돈을 다루고 내 손안의 재물을 지킬 줄 아는 힘이다.

결국 진짜 중요한 질문은 "돈 버는 운이 오는가?"가 아니라 "그 돈을 다룰 준비가 되어 있는가?"다. 아무것도 하지 않은 채 가만히 있는다고 해서, 재성운이 우리에게 재물을 안겨주지는 않는다. 내 사주의 구조가 그 재물을 감당할 힘을 지니고 있는지, 그리고 그 재물이 내 삶과 조화를 이루는지를 먼저 살피는 것, 바로 그 지점에서 진짜 금전운의 길이 열린다.

준비되지 않은 재성운의 함정

며칠 전, 평소 친하게 지내는 지인에게서 연락이 왔다. 무역업을 하는 지인은 최근 몇 달 동안 새 직원을 뽑아도 얼마 지나지 않아 퇴직하는 바람에, 채용 면접을 보는 일만으로도 지쳐 있던 참이었다. 그런데 이번에는 오랫동안 함께 일하며 신뢰를 쌓아온 직원이 갑자기 회사를 그만두겠다고 한 것이다. 대표 입장에서는 아쉽기도 하고, 어떻게든 붙잡아야 하나 고민이 깊어질 수밖에 없었다.

퇴사를 결심한 직원 S씨는 20대 후반으로, 초봄 인(寅)월에 태어난 병오(丙午) 일주다. 마침 그해는 10년마다 한 번씩 찾아오는 대운이 바뀌는 시기로, 공교롭게도 S씨의 인생에 신해(辛亥) 대운, 즉 신금(辛金)의 재성운이 막 들어오기 시작한 때였다.

	시주 (을미)	일주 (병오)	월주 (갑인)	년주 (무인)
	정인	**일간(나)**	편인	식신
천간	乙	丙	甲	戊
지지	未	午	寅	寅
	상관	겁재	편인	편인
지장간	丁 겁재 乙 정인 己 상관	丙 비견 · 丁 겁재	戊 식신 丙 비견 甲 편인	戊 식신 丙 비견 甲 편인

명에서 귀한 재성이 들어오는 대운을 맞아 S씨는 그동안 마음속에 품고만 있던 꿈을 실현해보고 싶은 열망이 솟아났다. 이전까지는 운이 다소 약해 용기가 나지 않았을지 몰라도, 자신에게 좋은 기운인 재성운이 찾아오자, 그동안 하던 일을 그만두고 꿈을 찾아 새로운 일을

시작해야겠다는 생각이 점점 커진 듯하다.

이런 사례는 명리 상담을 하다 보면 자주 접하게 되는 우주의 오묘한 단면이다. 대운에서 재성운이 들어올 때 사람들은 본능적으로 "지금이 기회다"라고 느낀다. 실제로 재운이 강해지는 시기에는 평소 억눌려 있던 욕망이 표면으로 떠오르고, 그동안 미뤄왔던 일에 도전하고 싶은 충동이 강해지는 것이다.

이러한 흐름 속에서 "올해는 재운이 들어오니 큰 돈을 벌 수 있겠네요"라는 사주 상담가의 한마디가 때로는 인생의 중요한 결정을 좌우하기도 한다. 오래 다니던 직장을 그만두고 창업을 결심하거나, 새로운 분야로 경력을 전환하는 결정이 바로 그런 흐름에서 나오는 것이다. 그러나 명리학의 시선으로 보면, 재운이 강하게 들어오는 시기에는 기회의 문이 열릴 수 있지만, 그 길을 잘못 선택하거나 준비가 부족한 사람에게는 오히려 위험의 문 또한 함께 열릴 수 있다.

앞서 언급한 S씨의 경우가 바로 그러했다. S씨에게 좋은 재성운이 들어오긴 했지만, 일간인 병화(丙火)와 대운의 신금(辛金)이 '병신합'을 이루며, 귀한 재성이 제 기운을 펼치지 못하고 묶이는 아쉬운 상황이었다. 연운의 흐름 또한 '때'를 얻지 못하는 시기였다. 앞으로 3년간은 화(火)의 기운이 강해지는 시기인데, S씨가 미리 준비하지 않았다면 섣부른 판단으로 손재수를 불러올 수도 있었다.

무엇보다 그녀가 새롭게 도전하려는 직업의 '길'이 사주의 구조와 맞지 않았다. S씨가 꿈꾸는 새로운 직업은 사주팔자 여덟 글자에서 강한 오행의 기운을 지닌 분야였다. 그래서 누구보다 쉽게 S씨가 흥미를 느끼고 열정을 쏟아부을 수는 있으나, 재물 측면에서 보면 결실을 맺기 어려운 길이었다. 이런 상황에서 회사를 그만두는 선택은 재성운을 기회가 아닌 위기로 바꾸는 결과를 가져올 가능성이 높았다.

그래서 나는 지인에게 S씨가 당분간 지금의 회사를 계속 다니며 자신의 길을 다시 살펴보는 것이 좋겠다고 조언했다. 다만 S씨의 사주 구조를 볼 때, 고집을 꺾지 않을 가능성이 높다는 점도 함께 전했다. 그런 경우라면 대표로서 직원의 결정을 막을 수 없을 것이며, 그것이 회사에 대한 불만에서 비롯된 결정은 아니니, 너무 마음 상해하거나 섭섭해하지 말라는 위로도 덧붙였다.

묘하게도 대운에서 재성운이 강하게 들어오면 사람들은 마음이 쉽게 흔들린다. 평소 억눌려 있던 자신감이 솟구치고, 새로운 일에 도전해보고 싶다는 용기가 생기기 때문이다. 물론 인생의 새로운 변화가 언제나 불운을 뜻하는 것은 아니다. 때로는 그것이 발복의 대운으로 스스로 꽃길을 만들어가는 전환점이 되기도 한다.

중요한 것은 그 재성운이 내 명의 구조와 조화를 이루는가, 그리고 지금이 그것을 실현할 '때'인가를 살피는 일이다. 재성운이 들어왔다고 해서 모두가 부자가 되는 것은 아니다. 재성운은 그저 하나의 '선택'일 뿐이며, 그것을 어떻게 다루느냐에 따라 복(福)이 되기도 하고 화(禍)가 되기도 한다.

삼재(三災),
언제나 나쁜 것만은 아니다

명리학 이론은 잘 모르더라도 사람들이 일상에서 자주 듣고 말하는 용어 중의 하나가 바로 삼재(三災)다. 흔히 '10년에 한 번씩 찾아오는 운명의 고비'로 알려져 있지만, 삼재는 단순한 불운이 아니라 자연의 기운이 큰 흐름을 바꾸는 주기를 뜻한다. 이 주기는 명에 따라 다르게 찾아오며, 자신의 태어난 해의 지지(地支), 즉 '띠'를 기준으로 결정된다.

삼재는 PART 2에서 살펴본 삼합(三合)의 구조를 바탕으로 정해진다. 지지의 삼합은 3개의 띠가 만나 하나의 큰 기운, 즉 국(局)을 이룬다.

삼재는 이 삼합을 기본으로 하여, 연지(年支)의 글자가 해당하는 삼합의 끝의 글자, 즉 '진(辰) · 술(戌) · 축(丑) · 미(未)'에 해당하는 국(局)의 기운이 움직이는 3년 동안 찾아오며, 이때의 3년을 '삼재'라 부른다.

예를 들어 2024년은 갑진(甲辰)년, 즉 용띠의 해다. 이 용(辰)은 '신자진' 삼합에 속하므로, 원숭이띠(申), 쥐띠(子), 용띠(辰) 사람들은 2022년 임인(壬寅)년, 2023년 계묘(癸卯)년, 2024년 갑진(甲辰)년까지 3년 동안 삼재를 맞게 된다. 이 시기는 목(木)의 기운이 강하게 작용하는 목국(木局)의 영향 아래 있게 되며, 명에 따라 인생의 방향이나 흐름이 크게 바뀌는 전환점이 되기도 한다.

삼재는 3년에 걸쳐 진행되는데, 각 해마다 성격이 다르다. 첫 해는 입삼재(入三災), 즉 들어오는 삼재로, 역마 삼재이다 보니 이동이나 변동이 많은 시기다. 두 번째 해는 휴삼재(休三災), 말 그대로 쉬는 삼재로, 겉으로는 큰 변화가 없어 보이지만 내면적으로 관계나 감정에서 파동이 일어나기 쉽다. 특히 이 시기는 도화 삼재로 남녀 간의 불미스러운 일이나 예기치 않은 인간관계의 갈등이 생길 가능성이 높다. 마지막 세 번째 해는 출삼재(出三災), 즉 나가는 삼재다. 출삼재는 삼재의 기운이 마지막으로 크게 요동치는 시점으로, 화개 삼재이다 보니 정신적인 충격이나 심리적 불안을 겪을 수 있어 가장 무서운 삼재다.

삼재가 찾아올 때 나타날 수 있는 문제도 여러 가지다. 대표적으로는 건강 문제나 인간관계에서 비롯된 인재(人災), 경찰서나 교도소와 같은 관공서와 연관되는 사건을 뜻하는 관재(官災), 그리고 재물의 손실을 불러오는 손재(損財) 등이 있다. 이처럼 삼재는 단순히 운이 나쁜 시기가 아니라, 삶의 여러 영역에서 주의와 성찰이 필요한 전환기라고 할 수 있다.

그렇다고 해서 삼재가 언제나 불행과 고통만을 의미하는 것은 아니다. 사람의 명에 따라서는 삼재가 오히려 기회의 시기가 되어 재물을 키우는 경우도 있다. 이를 호삼재(好三災) 또는 복삼재(福三災), 길삼재(吉三災)라 부른다.

중요한 점은 이것이 단순히 띠만으로 결정되는 것이 아니라는 사실이다. 각자의 사주 구조와 기운의 흐름에 따라 삼재가 위기가 되기도 하고, 복이 되기도 하는 것이다. 그런데 이를 마치 띠별로 일률적으로 삼재, 혹은 호삼재가 정해져 있는 것처럼 설명하는 경우가 있다. 이는 명리학의 본질을 지나치게 단순화한 오해이자 잘못된 해석이다.

삼재라 불린 시기가 오히려 발복의 타이밍

대기업 임원으로 퇴임한 50대 여명 W씨는 신해(辛亥)년생 돼지띠로, 연지의 글자 해수(亥水)는 '해(亥)·묘(卯)·미(未)' 삼합에 속한다. 이 삼합에서는 연운의 지지에 화(火)의 글자, 즉 '사(巳)·오(午)·미(未)'가 들어오는 해에 삼재가 찾아온다.

W씨의 사주는 음양오행의 균형이 고르게 잡혀 있을 뿐 아니라, 천간의 흐름도 무난하게 흐르기 때문에 기운에 힘이 있는 명이다. 게다가 20대 후반부터 시작된 30년의 목국(木局) 대운의 힘으로 그녀는 인생 최고의 황금기를 보냈다. 현재도 을사(乙巳) 대운의 화국(火局)으로 좋은 대운에 연운의 기운까지 더해져, 운세론적으로 보면 매우 빛나는 시기라 할 수 있다.

	시주 (을미)	일주 (병오)	월주 (기해)	년주 (신해)
	정인	**일간(나)**	상관	정재
천간	乙	丙	己	辛
지지	未	午	亥	亥
	상관	겁재	편관	편관

실제 W씨의 삶도 사주의 흐름과 다르지 않았다. 그녀는 대학 졸업 후 곧바로 대기업에 입사해 30여 년 동안 화려한 커리어를 쌓으며 승승장구 했다. 특히 신축(辛丑)년에는 갑진(甲辰) 대운의 강한 목(木)의 기운을 등에 업고, 마침내 유리천장을 깨고 여성 임원으로 승진하기도 했다. 이 해는 시지의 미토(未土)와 연운의 축토(丑土)가 만나 축미(丑未) 개고를 이루는 시기이기도 했는데, 이 역시 그녀의 발복에 큰 힘이 되었다.

그렇다면 2025년 을사(乙巳)년부터 2027년 정미(丁未)년까지 이어지는 삼재의 시기는 그녀에게 불리한 시기일까? 결론부터 말하자면, 전혀 그렇지 않다. 오히려 이 시기는 그녀 인생의 두 번째 전성기를 여는 출발점이 될 것이다.

W씨는 오랜 직장 생활을 마무리하고 삼재가 들어오는 '입삼재' 시기인 을사(乙巳)년에 자신의 탄탄한 경력을 발판으로 새로운 사업을 시작했다. 그리고 놀랍게도, 시작 몇 달 만에 사업은 빠르게 궤도에 오르며, 병화(丙火) 일간 자신의 빛을 세상에 환하게 비추고 있다. 이는 단순한 우연이 아니다. 갑진(甲辰) 대운 아래에서 맞이한 을사(乙巳)년의 연운은 그녀에게는 '호삼재', 일명 '복삼재'로 작용한 것이다. 특히 을사(乙巳), 병오(丙午), 정미(丁未)로 이어지는 3년의 연운은, 이전 삼재 때와는 비교할 수 없을 만큼 강한 기운을 품고 있다. 이 흐름은 인생 2막에서 그녀가 다시 한 번 성공의 날개를 펼칠 수 있도록 떠받쳐 주는

강력한 추진력이 되어 줄 것이다.

이 사례에서 알 수 있듯이, 삼재의 기운은 대운이나 연운의 글자에 따라 전혀 다른 의미로 작용할 수 있다. 삼재를 단순히 '10년마다 돌아오는 재앙'으로만 받아들이는 것은 매우 피상적인 개념이다.

자연의 계절이 해마다 돌아오지만 매년 같은 봄이 아니듯, 10년 후 다시 찾아오는 삼재 역시 결코 이전과 같지 않다. 변화하는 기운의 흐름 속에서 어떤 때는 성공의 발판을 쌓는 시간일 수 있고, 어떤 때는 인생의 문이 활짝 열리는 찬란한 봄날일 수 있다.

손 없는 날보다 중요한 것, 내 사주에 맞는 길일(吉日) 찾기

이사, 운(運)의 문을 여는 출발점

이사는 단순히 새로운 공간으로 거처를 옮기는 일이 아니라, 삶의 운이 새롭게 흘러들어오는 출발점이라 할 수 있다. 그래서인지 지금도 많은 사람들이 음력으로 매월 9일, 10일, 19일, 20일, 29일, 30일과 같은 이른바 '손 없는 날'을 골라 이사를 하는 것을 선호한다. 이날은 귀신이 사람의 세상에 간섭하지 않는 날이라 하여 전통적으로 길일(吉日)로 여겨졌고, 그래서 이사비용도 더 비싸고 주말과 겹치면 이삿짐 센터를 구하기조차 어려운 경우도 많다.

그러나 명리학은 조금 다른 시선으로 이 날을 바라본다. 단순히 모두가 좋다고 여기는 '손 없는 날' 대신, 자신에게 맞는 길일을 찾아 이사를 하는 것이다. 이사는 단순한 일상적인 이동이 아니라, 인생에서 가장 중요한 환경인 '장소'를 새롭게 정하는 일이기 때문에, 시작부터 좋은 기운을 불어넣는 것은 생각보다 큰 의미를 지닌다.

물론 이상적으로는 나에게 가장 유리한 달(月)에 이사하는 것이 가장 좋다. 그러나 우리가 삶에서 모든 것을 뜻대로 선택할 수 없듯이, 이사의 시기도 내 마음대로 정하기 어려운 경우가 많다. 그렇다면 적어도 그 달(月) 안에서 내 사주에 가장 좋은 날(日)을 선택하는 것, 이것이 명리학이 줄 수 있는 실용적인 지혜다.

용신·희신의 기운이 깃든 이사, 새로운 운이 열린다

이를 위해 반드시 알아야 하는 것이 바로 자신의 용신(用神)과 희신(喜神)의 오행을 아는 것이다. 앞서 거듭 강조했듯, 용신과 희신은 명리학에서 사주를 통변할 때 가장 핵심적인 개념으로, 내 명운을 움직이는 가장 중요한 기운이다. 따라서 어떤 날이 나에게 유리한 날인지 판단하려면, 반드시 자신의 용신과 희신의 기운을 가진 오행이 무엇인지 알아야 한다.

예를 들어, 화(火)를 용신으로 쓰는 사람이 있다고 가정해 보자. 이 사람이 을사(乙巳)년 가을에 이사를 계획한다면, 을유(乙酉)월보다는 병술(丙戌)월, 즉 화(火)의 기운이 들어오는 시기가 훨씬 좋은 선택이 될 것이다.

병술(丙戌)월이 본격적으로 시작되는 절기인 '한로' 이후를 기준으로 살펴보면, 화(火)의 기운이 있는 '병진(丙辰)·정사(丁巳)·무오(戊午)·병인(丙寅)·정묘(丁卯)'와 같은 날들이 이사하기 좋은 때이다. 현실적으로 주말이나 금요일에 이사를 해야 한다면, 이 가운데에서 자신의 일정과 상황에 맞는 날을 선택하면 된다.

물론 현실적으로 이사 날짜는 여러 제약이 따르기 때문에, 원하는 날짜를 정확히 고르기 어려울 수 있다. 그렇더라도 명리학을 통해 '가장 피해야 할 날'을 걸러내는 것만으로도 운의 흐름을 바꾸는 힘을 얻을 수 있다.

예컨대 화(火)를 용신으로 쓰는 사람에게는, 사주팔자 구조에 따라 다소 다를 수 있지만, 일반적으로 수(水)의 기운이 강한 날이 불리하게 작용하기 쉽다. 이런 날을 피해 이사의 '때'를 정한다면, 적어도 새로운 '장소'에서 좋은 기운을 받으며 한결 순조로운 삶을 만들어 낼 수 있을 것이다.

이런 관점에서 보면, 모두가 길하다고 믿는 '손 없는 날'이 반드시 좋은 날은 아니다. 예를 들어, 손 없는 날이 수(水)의 기운이 강한 날이라면, 앞서 예로 든 화(火)를 용신으로 쓰는 사람에게는 오히려 재물운이 약해지는 '때'가 될 수 있다. 사람들이 무심코 '좋은 날'이라 믿고 선택한 날이 반대로 불리한 날이 될 수 있는 것이다.

명리학이 우리에게 가르쳐주는 중요한 통찰은 바로 이것이다. 모두에게 좋은 날은 없다. '나에게 맞는 좋은 날'이 있을 뿐이다. 명리학은 바로 그 날을 선택할 수 있는 지혜를 준다. 사주를 안다는 것은 곧 자신을 움직이는 기운을 이해한다는 것이며, 그 기운을 이해할 때 우리는 일상의 선택 하나까지도 다르게 바라볼 수 있다.

이사는 단순히 집을 옮기는 일이 아니다. 그것은 내 삶의 무대인 '장소'를 바꾸고, 새로운 기운이 들어오는 문을 여는 행위다. 그렇기에 그 문을 여는 순간을 내 사주팔자의 흐름과 조화로운 '때'에 맞추는 것은, 단순한 미신이 아니라 내 삶의 운을 여는 중요한 열쇠가 된다.

부동산도 '때'와 '장소'를 알아야 운이 열린다

부동산은 타이밍도 중요하지만, 인연이 따로 있다

'부동산 공화국'이라 불리는 한국 사회에서 부동산 구입은 많은 사람들에게 인생 최대의 목표이자, 가장 비싼 쇼핑일 수 있다. 집 한 채의 가격이 평생 벌어들인 돈을 넘어서는 시대에, 부동산은 단순한 생활공간을 넘어 개인의 부(富)를 좌우하는 결정적인 자산이 되었다. 그러나 모두에게 부동산이 같은 의미를 가지는 것은 아니다.

명리학에서 부동산은 PART 2에서 살펴본 '십신' 가운데 편재(偏財)의 기운으로 본다. 그런데 사주팔자를 살펴보면 어떤 사람은 부동산과 인연이 깊은 반면, 그렇지 않은 사람도 있다. 사주팔자 구조에 '편재'와 인연이 약한 사람은, 큰 노력을 해도 부동산의 운이 쉽게 열리지 않거나 원하는 만큼의 성과를 얻기 어려울 수 있다. 반대로 재테크에 뛰어난 재주를 지닌 명도 있으며, 그 경우에도 부동산이 잘 맞는 사람이 있는가 하면, 주식과 같은 금융 상품에 투자하는 것이 더 유리한 사람도 있다.

이 차이는 단순히 "운이 좋고 나쁘다"는 차원을 넘어선다. 명리학에서 말하는 운(運)은 노력으로 바꿀 수 없는 숙명이 아니라, 자신에게 주어진 기운의 성질을 알고 그에 맞게 방향을 설정하는 것에 가깝다. 따라서 나와 부동산의 궁합이 어떤 지를 모른 채 무작정 남들이 하는 대로 따라가는 것은 현명하지 못한 일이다.

그렇다면 나는 부동산과 어떤 인연을 가진 명(命)일까?

이를 통변하기 위해서는 사주팔자 전체의 구조와 균형을 살펴야 하고, 그 안에서 운세론의 관점에서 용신과 희신을 명확히 판단할 수 있어야 한다. 앞서 강조했듯, 용신과 희신을 판단하는 일은 깊은 고찰이 필요하며 단순한 공식으로 찾아내기 어렵다.

여기서 부동산과의 인연을 비교적 쉽게 가늠해볼 수 있는 사주 구조가 하나 있다. 사주팔자 여덟 글자에 '편재'의 글자가 3개 이상으로 과하게 많다면, 이는 오히려 부동산과의 인연이 깊지 않을 수 있다. 물론 이 경우에도, 대운이나 연운의 합·충에 따라 그 인연의 끈은 달라질 수 있다.

명리학의 중요한 가르침 가운데 하나는 "과한 것은 병(病)이 된다"는 것이다. 편재가 지나치게 강한 사주에서 다시 편재를 추구하는 것은, 마치 이미 물이 가득 찬 그릇에 또 물을 붓는 것과 같다. 결국 넘쳐흘러 감당하지 못하게 될 수 있다. 이는 재테크에서도 마찬가지다. 나에게 맞지 않는 자산을 억지로 붙잡는 것은 과욕이며, 좋은 결과로 이어지기 어렵다.

부동산은 누구에게나 매력적인 투자처럼 보이지만, 명리학적으로 보면 그 선택의 무게는 사람마다 다르다. 자신의 사주가 지닌 기운을 이해하고, 그 기운이 긍정적으로 흐를 수 있는 방향을 찾을 때 비로소 그 자산은 나의 것이 된다. 결국 내게 맞는 자산이 무엇인지를 아는 것, 그것이야말로 진정한 재테크의 첫걸음이라 할 수 있다.

'때'와 '장소', 그리고 가야 할 '길'을 알아야 하는 이유

백송 선생님은 늘 "때와 장소, 자신이 가야 할 길을 알아야 한다"고 강조하셨다.

명리학은 본질적으로 '때'와 '장소', 그리고 '길'을 바르게 읽어내는 학문이다. 어디에서 살 것인가, 어떤 부동산을 선택할 것인가 하는 '장소'의 문제도 물론 중요하지만, 그에 못지않게 중요한 것이 바로 언제

사느냐, 즉 '때'의 문제다. 용신과 희신의 흐름을 잘 살펴 자신에게 맞는 '때'와 '장소'와 '길'을 선택한다면, 자신의 명운을 끌어올리는 방법이 될 것이다.

인간은 하늘과 땅 사이, 곧 시간과 공간이라는 두 축 위에서 살아간다. 그렇기에 시간의 '때'와 공간의 '장소'를 정확히 알고 그 '때'에, 그 '장소'에 있는 것은 명리학에서 매우 중요한 문제다. "천하 영웅도 때를 만나야 영웅이 된다"라는 격언처럼, 아무리 큰 그릇의 사주를 타고 태어났더라도 운의 때가 너무 이르거나 너무 늦으면 자신의 그릇 값을 온전히 다하지 못한다.

『한비자』를 비롯한 옛 문헌에서 전해지는 다음의 말도 같은 맥락으로 이해된다. "군자가 때를 만나면 가마를 타고, 때를 만나지 못하면 머리에 물건을 이고 다닌다(君子遇時乘軒, 不遇時負檐)" 이는 기회가 왔을 때는 과감히 앞으로 나아가야 하지만, 아직 때가 이르지 않았다면 조용히 때를 기다릴 줄 알아야 한다는 뜻이다. 맹자 또한 "궁하면 자신의 몸이나 닦고, 때가 이르면 천하를 다스린다(窮則獨善其身, 達則兼善天下)"고 하여, '때'를 기다리는 자세의 중요성을 강조했다.[9]

이처럼 때가 아니면 조용히 준비하며 기다리고, 마침내 때가 무르익으면 비로소 힘껏 움직여야 한다는 것이다.

---

9 출처 : 남회근, 『역경잡설』, 신원봉 옮김, 부키, 2013, 135쪽.

꽃의 아름다움을 찬미할 때, 꽃이 피는 '때'만큼이나 중요한 것이 바로 '장소'다. 아무리 빼어난 재능과 재주를 지닌 사람이라도 자신을 온전히 드러낼 수 있는 환경, 그 장소에 있지 않다면 자신의 능력을 충분히 펼치기 어렵다. 반대로 알맞은 시기에 좋은 장소를 만난다면, 작은 재능이라도 크게 피어나 세상에 향기를 전할 수 있다. 결국 명리학에서 말하는 '장소'란 단순한 물리적 공간을 넘어, 운이 싹트고 발복할 수 있는 토대를 의미한다.

'때'와 '장소'가 맞아야 새로운 길이 열린다

부동산중개업을 본업으로 하는 나에게 찾아오는 고객 중에는 단순히 물건만을 찾는 사람도 있지만, "언제, 어느 지역의 부동산을 사면 좋을까요?"라며 운의 흐름까지 묻는 고객도 있다. 평생 처음으로 빌딩 투자에 도전을 고민하던 유통업 법인의 대표 K씨도 그런 고객 중의 한 사람이었다.

K씨의 사주는 토(土)를 용신으로 삼는 명으로, 지지에 인목(寅木) 편재가 강하게 자리잡고 있다. 나는 K씨의 사주를 보고 갑진(甲辰)년 하반기를 놓치지 말고 부동산에 투자하면 좋겠다고 조언했다.

화(火)의 기운이 좋지 않은 K씨에게 진토(辰土)의 기운이 강해지는 갑진(甲辰)년 하반기는 K씨의 부동산 투자운이 빛을 발할 수 있는 절호의 '때'였다. 여기에 편재의 기운도 단단히 자리하고 대운의 흐름도 나쁘지 않아, 앞으로 부동산 자산가의 '길'로 새롭게 들어서는 것도 명운에 맞았다.

나는 K씨에게 이렇게 조언을 덧붙였다. "만약 이때를 놓친다면, 다가오는 을사(乙巳)년, 병오(丙午)년, 정미(丁未)년 3년은 화(火)의 기운이 강해지는 시기이니, 그때는 부동산 투자를 잠시 미루고 회사 경영에 집중하면서 다음 기회를 기다리는 것이 좋겠습니다."

	시주 (병술)	일주 (경인)	월주 (경인)	년주 (병진)
천간	편관	**일간(나)**	비견	편관
	丙	庚	庚	丙
지지	戌	寅	寅	辰
	편인	편재	편재	편인

사실 갑진(甲辰)년 봄부터 여러 후보 물건들을 찾아봤지만, 상반기에는 이상하게도 눈에 띄는 좋은 물건이 나타나지 않았다. 그러던 중 절기상 '입추'를 지나 토(土)의 기운이 무르익기 시작한 초가을 어느 날, 뜻밖의 기회가 찾아왔다. K씨가 오래전부터 눈여겨보던 지역에 매력적인 급매물이 나타난 것이다.

처음 그 건물을 보러 간 날, 나는 말로 설명하기 어려운 강한 인연의 기운을 느꼈다. 이상하리만큼 열심히 찾을 때는 나타나지 않던 물건이, 진토(辰土)의 기운이 강해지는 하반기가 되니 마치 기다렸다는 듯 우연히 나타난 것이다. 흥미롭게도 K씨 역시 나와 비슷한 감정, 소위 말하는 '촉'을 느낀 듯했다.

K씨가 그 빌딩을 임장하러 간 날, 건물 앞 골목에서 K씨의 외제차가 긁히는 작은 사고가 발생했다. 대부분의 사람이라면 이를 불길한 징조로 받아들이며 투자를 주저했을지도 모른다. 그러나 K씨는 달랐다. K씨는 나의 명리학적 해석과 부동산 전문가로서의 판단을 신뢰하며, 흔들림 없이 투자를 결정했다.

이는 단순히 운 좋게 투자 기회를 얻은 것이 아니라, 작은 일에 마음을 빼앗기지 않고 스스로를 믿고 결정을 내릴 수 있을 만큼 K씨의 재물운이 강하게 흐르고 있었기 때문이다. 결국 K씨는 자신의 명운이 이끄는 대로, 길운이 따르는 '때'와 '장소'에, 부동산 투자자로 나아가는 첫걸음의 '길'을 내디딜 수 있었다.

K씨의 사례는 명리학이 단순한 운명론에 머무는 학문이 아니라, 부(富)를 만들어가는 '비밀지도'가 될 수 있음을 보여준다. 운(運)의 흐름을 이해하는 사람은 자신이 '가야 할 길'을 알뿐 아니라, 좋은 '장소'를 보는 눈과 그 재물을 만나야 할 '때'를 읽는 감각까지 갖추게 된다.

결국 부동산 투자는 자신의 사주에 맞는 '길'과 좋은 '장소'를 아는 것만큼이나, 언제 투자해야 하는가라는 '때'를 아는 것이 중요하다.

부동산의 출생일, 계약일도 '때'가 있다

날짜에도 운(運)이 있다 — 계약일을 택일하는 지혜

부동산 매입을 결정한 뒤 계약일을 정하는 일은 얼핏 보면 단순한 행정 절차처럼 보이지만, 명리학에서는 그 이상의 중요한 의미를 지닌다. 계약일은 매도자와 매수자가 협의로 정할 수 있는 몇 안 되는 결정 사항 가운데 하나이자, 서류적으로 부동산과 나 사이의 인연이 시작되는 출발점이기도 하다.

우리가 부동산을 거래할 때 잔금을 치르고 소유권이전등기를 마치면 비로소 법적 소유자가 바뀌게 된다. 그런데 법적 소유권을 판단해주는 등기부등본에 기록되는 날짜는 잔금일이 아니라 바로 '계약일'이다.

이는 마치 한 생명이 우주 속에서 존재하다가 부모와 인연을 맺고, 세상에 태어나 출생신고를 하는 것과 유사하다. 계약일이란, 내가 그 부동산과 인연을 맺고 세상에 함께 등장한다고 신고하는 날이다. 그 날이 어떤 날이냐에 따라, 그 부동산과 함께 시작되는 날들이 행복한 여정이 될 수도, 때로는 예상치 못한 고비를 맞을 수도 있다. 결국 계약일은 단순한 서류상의 날짜가 아니라, 운의 흐름이 현실과 맞닿는 지점이라 하겠다.

앞서 소개한 빌딩을 매입한 K씨의 사례도 그러하다. 토(土)의 기운이 중요한 K씨의 사주 구조를 고려해, 부동산중개를 하며 계약일 역시 명리학적으로 유리한 날을 택일하고자 했다. 여러 날을 조율한 끝에 토의 기운이 움직이는 을미(乙未)일로 정했다. 결국 계약은 갑진(甲辰)년 을미(乙未)일에 체결되었다. 특히 이 날은 경금(庚金) 일간인 K씨에게 미토(未土)의 '천을귀인'이 함께하는 날이기도 해서, 더욱 의미 있는 길일이었다.

이후 K씨는 구입한 건물을 리모델링해, 새로운 임차인을 들이며 건물의 자산 가치를 한층 끌어올렸다. 리모델링 공사가 마무리되어 준공 고사를 지낼 때에도 명리학적 택일을 조언해 주었다. 공사 일정에 맞춰 용신과 희신의 기운이 강해지는 날과 시간을 골라, 무사히 완공된 건물에 축원을 드리며 앞으로의 행운을 기원했다.

물론 대운이나 연운에 비하면, 하루의 일진(日辰)은 상대적으로 영향력이 작다고 할 수 있다. 그러나 계약일을 선택할 수 있는 상황이라면, 굳이 자신에게 불리한 기운이 있는 날을 택할 이유는 없다. 대운과 연운의 흐름을 최대한 활용하고, 그 운을 현실에서 싹 틔우고 자라게 하는 것은 결국 작은 선택과 실천의 힘이다. 재물운이 들어오는 시기라면, 그 운이 헛되이 스쳐 지나가지 않도록 미리 준비하고 정성을 다하는 노력이 필요하다.

재물운이 좋은 날, 다시 말해 '용신'과 '희신'의 기운이 힘을 발휘하는 날을 골라 계약일을 정한다면, 그 부동산과 맺는 인연 역시 훨씬 더 순조롭고 유리한 흐름 속에서 시작될 수 있을 것이다. 명리학이 말하는 운(運)이란 결코 저절로 주어지는 선물이 아니다. 그것은 알맞은 '때'를 읽고, 좋은 '장소'라는 기반 위에, 스스로 다듬고 길러낸 '길' 위에서 비로소 현실이 된다. '나에게 맞는 날'을 고민하고 지켜 나갈 때, 우리는 그저 운을 기다리는 사람이 아니라, 운이 머물 수 있는 자리를 스스로 만들어 가는 사람이 될 것이다.

현대의 명리풍수,
'장소'는 내 사주와 호흡하는 무대다

풍수는 땅의 이야기가 아니라, 나의 기운을 읽는 일이다

예로부터 동양에서는 집터를 고르고 묘를 쓰는 일에 하늘의 별자리를 읽는 것만큼이나 깊은 사유를 기울여 왔다. 조상의 묘를 어디에 쓰느냐가 곧 후손의 길흉화복과 직결된다고 믿었고, 산과 물의 흐름을 살피는 풍수지리(風水地理)는 오랜 세월 축적된 지혜의 결정체라 생각되었다. 다만 과거의 풍수가 주로 조상의 묘자리, 즉 음택(陰宅)을 중심으로 해석되었다면, 오늘날 우리는 아파트와 고층빌딩이 빽빽이 들어선 도시의 환경 속에서 살아가고 있다.

이러한 변화로 인해 현대의 명리풍수는 과거와 달리 양택(陽宅), 즉 사람이 살아가는 공간을 중심으로 새로운 해석을 제시하고 있다. 지

금 시대에 배산임수(背山臨水)의 이상적인 터를 찾아 아파트를 고를 수
는 없지 않은가.

오늘날의 명리풍수는 결국 내가 거주하거나 일하는 '장소'가 나의
사주팔자 여덟 글자와 어떤 관계를 맺고 있는지를 읽어내는 일이다.
그 공간이 나에게 부족한 기운을 더해주고 과한 기운을 덜어내어 음양
오행의 조화를 이루는지를 살피는 일이 중요하다. 만약 내 사주와 조
화를 이루는 '장소'에서 살아간다면 삶의 기운이 달라지고, 재물운이
열리며, 건강운까지도 좋아질 것이다.

'강남'이 모두에게 답은 아니다

부동산 자문을 하다 보면 흥미로운 공통점을 발견하게 된다. 30억
원 규모의 꼬마 빌딩을 찾는 투자자도, 300억 원 규모의 중형 빌딩을
찾는 투자자도 한결같이 '강남'을 고집한다는 것이다. 모두가 입을 모
아 강남불패(江南不敗)를 외치는듯 하다. 그렇다면 정말 강남의 부동산
은 누구에게나 큰 재물운을 가져다 주는 황금 열쇠가 될까?

명리학적으로 보면 반드시 그렇다고 말할 수 없다. 물론 '대세'라는
흐름에서 보면, 환경이 가진 집단적 에너지가 개인의 운에도 일정한
영향을 미치는 것은 사실이다. 예를 들어 상승장에 있는 자산이라면,
대부분의 사람들이 어느 정도의 이익을 얻는 것은 자연스러운 일이다.

그러나 재물운의 크기와 질, 그리고 그것이 한 사람의 삶 속에서 발현되는 방식은 결국 그 사람의 명운(命運)에 따라 달라진다.

이는 부동산 자체의 문제가 아니다. 중요한 것은 그 '장소'가 나의 사주와 얼마나 조화를 이루고 있는가이다. 명리학에서 말하는 '장소'는 단순히 지리적 공간을 뜻하지 않는다. 매우 포괄적인 개념으로, 곧 내 삶의 기운이 뿌리를 내리는 환경이며, 그곳에서 어떤 에너지가 흐르느냐에 따라 나의 재물운이 자라날 수도 있고, 오히려 약해질 수도 있다.

재물의 길흉뿐 아니라, 그 공간에서 느끼는 심리적 안정감과 행복감 역시 사람마다 다르게 작용한다. 어떤 사람에게는 한강이 내려다보이는 아파트가 운의 기운을 끌어올리는 장소가 될 수 있지만, 또 다른 사람에게는 흙을 밟으며 살 수 있는 단독주택이 오히려 기운을 상승시키는 장소가 될 수 있다. 이처럼 장소마다 흐르는 오행의 기운이 다르기 때문에, 나와 맞는 기운이 흐르는 곳에 머문다면, 재물이나 건강면에서도 좋은 일이 뒤따를 것이다.

결국 중요한 것은 '남들이 좋다고 말하는 곳'이 아니라 '나의 사주와 조화를 이루는 곳'을 선택하는 일이다. 집을 고르고 사무실을 정하는 일, 더 나아가 해외 어느 나라에 머물 것인가를 결정하는 일까지, 이러한 '장소'의 선택은 단순한 부동산 투자가 아니라 내 운이 발복할 수 있는 환경을 만들어내는 일이다. 내가 머무는 공간이 내 사주에 부족한 기운을 채워주고, 과한 기운을 덜어내며 조화를 이루게 해준다면 그곳이 바로 내 운을 키워주는 '장소'가 될 것이다.

때와 장소가 어긋나면 재물도 흘러간다

부동산 중개 일을 하던 중, 강남 한복판 핵심 지역에만 수백억 원대 건물을 여러 채 보유한 사십대 S씨를 알게 되었다. 누구나 부러워할 만한 부동산 자산을 가진 S씨였지만, 최근 들어 고민 끝에 자신이 소유한 건물 중 한 채를 매각하기로 마음을 굳히고 있었다.

S씨는 이 건물을 경자(庚子)년에 매입한 이후 한동안 안정적인 임대 수익을 올려왔다. 그러나 최근 몇 년 사이 상황이 달라졌다. 공실이 길어지면서 수익성이 떨어지기 시작했고, 특히 임인(壬寅)년에 낡은 건물을 매입해 새로 지은 또 다른 수백억 원대 강남의 빌딩에서도 예상치 못한 공실이 발생하며 손실이 커졌다. 그때부터 S씨는 매각을 진지하게 고민하기 시작했다.

명리학적으로 S씨의 사주를 들여다보면 이러한 변화의 이유가 보인다. 갑오(甲午) 일주인 S씨는 수(水)와 목(木)의 오행이 길운을 가져다주는 명이다. S씨에게 화(火)의 기운이 반드시 나쁘다고 볼 수는 없지만, 신약한 S씨의 기운을 설기하는 작용을 하므로 운의 흐름에 따라 세심한 해석이 필요한 사주다.

	시주 (−)	일주 (갑오)	월주 (신축)	년주 (신유)
천간	−	일간(나)	정관	정관
	?	**甲**	**辛**	**辛**
지지	**?**	**午**	**丑**	**亥**
	−	상관	정재	정관

문제는 S씨가 기해(己亥)년부터 시작된 을사(乙巳) 대운에 진입하면서, 앞으로 30년 동안 화국(火局)의 기운이 본격적으로 펼쳐지는 흐름 속에 들어섰다는 점이다. 이는 S씨의 인생에서 화(火)의 기운이 강해지는 시기라는 뜻이다. 화(火)의 기운은 S씨에게 본인의 재능을 펼치는 외형의 확장을 의미하지만, 동시에 신약한 S씨의 에너지를 소모하게 만드는 오행이기도 하다. 특히 단기적으로 화의 기운이 폭발적으로 강해지는 몇 년 동안은 더욱 분주한 삶을 보내게 되며, 그 과정에서 예상치 못한 변수나 자산 운용의 변동성이 나타날 수 있다.

강남은 화(火)의 기운이 강하게 작용하는 지역이다. 그렇기에 S씨가 초년부터 30대까지 목국(木局)의 기운이 흐르던 시기에는 강남의 부동산 투자에서도 긍정적인 결과를 얻을 수 있었다. 그 시기의 강남은 S씨의 기운과 잘 맞아 재물운에도 도움을 주고, 삶의 무대와도 어우러지는 장소였다. 그러나 지금은 상황이 달라졌다. 을사(乙巳) 대운에 접어들면서 본격적으로 화국(火局)의 기운이 펼쳐진 지금, 강남의 화(火) 기운은 오히려 S씨에게 재물과 건강 모두에서 불리하게 작용하기 시작했다. 그 결과 공실이 늘어나고 손재의 조짐이 나타나고 있는 것이다. 다시 말해, 과거에는 잘 맞았던 '장소'가 지금은 더 이상 명(命)의 주인과 조화를 이루지 못하는 것이다.

'때'와 '장소'가 어긋나면 운의 흐름도 달라진다. 지금 S씨에게 필요한 것은 과거의 성공을 기억하는 것이 아니라, 변화된 운의 흐름에 맞춰 새로운 결정을 내리는 일이다. 결국 과거처럼 강남의 부동산을 고집하기보다는, 이제는 그곳을 정리해야 할 '때'가 온 것이다.

아무리 빼어난 자산의 부동산이라도 내 명의 기운과 조화를 이루지 못하면 결국 그 힘을 잃는다. 반대로 운의 흐름에 맞는 '때'와 '장소'를 선택한다면, 평범한 부동산도 재물과 행운을 불러오는 터전이 될 수 있다. 결국 우리가 읽어야 할 것은 부동산 시장의 트렌드가 아니라, 내 명의 변화를 읽는 것, 즉 '때'와 '장소'를 아는 것이다.

운이란 결코 한곳에 머물지 않는다. 어제의 명당이 오늘의 명당이 아닐 수 있고, 과거에 나를 성장시킨 장소가 이제는 내 기운을 소모시키는 공간이 될 수 있다. 중요한 것은 세상의 변화가 아니라, 내 명의 변화를 읽는 것이다. '때'가 변하면 '장소'도 달라져야 하고, '장소'가 달라지면 운의 '길'도 다시 바뀌기 시작한다.

기운의 방향을 알면
운(運)의 길을 읽을 수 있다

운(運)을 여는 또 다른 길, 반안살과 장성살

명리학이 '때'와 '장소'를 통해 운의 흐름을 읽는 학문이라면, 방위(方向)는 그 장소를 구체화하는 길이다. 우리가 사는 공간은 단순히 벽과 바닥으로 이루어진 물리적인 장소가 아니다. 그 안에는 보이지 않는 기운의 흐름이 있고, 그 흐름이 언제 어떤 방향으로 들어오느냐에 따라 우리의 삶이 변화되기도 한다.

백송 선생님은 명리학을 통변하실 때, 이른바 포태법(胞胎法) 또는 장생법(長生法)이라 불리는 십이운성(十二運星)과 이와 연결된 십이신살(十二神殺)은 크게 중요하게 여기시지 않는다. 다만 사주의 길흉을 판단하는 핵심 도구는 아니나, '나에게 좋은 방위'라는 구체적인 현실 문제를 다룰 때 보조적인 나침반으로 활용할 수 있다.

예를 들어 공간 배치나 이른바 '명리 인테리어'를 할 때, 내 사주에 맞는 방위를 정하는 첫번째 기준은, 역시 용신과 희신의 오행 방향이다. 그런데 이 오행의 방향 선택에 제한이 생길 때, 대안으로 참고해 볼 수 있는 것이 바로 십이신살 가운데 '반안살'의 방향이다.

십이신살은 일지(日支)를 기준으로 판단하며, 기운이 12단계의 흐름에 따라 순환한다고 본다. 그 순서는 다음과 같다.

겁살(劫殺) → 재살(災殺) → 천살(天殺) → 지살(地殺) → 년살(年殺) → 월살(月殺) → 망신살(亡神殺) → 장성살(將星殺) → 반안살(攀鞍殺) → 역마살(驛馬殺) → 육해살(六害殺) → 화개살(華蓋殺) 순으로 돌아간다.

이 가운데 주목할 만한 기운은 '장성살'과 '반안살'이다.[10]

'장성살'은 이름 그대로 장군이나 최상급 계급을 의미한다. 장성살은 승진과 출세, 성취를 상징하며, 한 단계 도약하거나 명예를 얻는 상승의 기운을 품고 있다. 개인의 삶에서 '이뤄낸다'는 힘이 강하게 작용하는 방향이다.

'반안살'은 말의 안장을 뜻하며, 인생의 여정에서 귀함과 편안함, 그

리고 최고로 길한 안정감을 상징한다. "반안살은 귀신도 피해간다"는 말이 있을 정도로, 마치 부적처럼 흉한 기운을 물리치고 복을 불러오는 강력한 길운으로 여겨졌다.

십이신살의 흐름은 자신의 일지가 속한 삼합(三合)에 따라 시작점이 달라진다. 구체적으로 일지가 '인오술' 삼합에 해당한다면, 겁살은 첫 글자인 '인목'에서 시작된다. 같은 원리로 '신자진'에 해당한다면 겁살은 첫 글자인 '신금'에서 시작하고, '사유축' 삼합에 해당하면 '사화'에서 시작하며, '해묘미' 삼합에 해당하면 '해수'에서 시작된다.

예를 들어 일지가 축토(丑土)라면, '사유축(巳酉丑)' 삼합에 속하므로 겁살은 사화(巳火)에서 시작한다. 이 순환을 따라가보면 장성살은 유금(酉金), 반안살은 술토(戌土)로 금(金)의 방향인 서향이 좋은 방위에 해당한다.

명리풍수로 읽는 집 안의 기운 지도

명리풍수에서 집 안의 기운을 결정짓는 중요한 공간들이 있다. 가장 좋은 방위는 말할 것도 없이, 용신이나 희신의 오행이 향하는 방위다. 그러나 모든 공간들을 운의 방향에 맞춰 배치하는 일은 쉽지 않다. 이처럼 용신과 희신의 방향으로 맞추기 어렵다면, '반안살'의 방향이 훌륭한 차선책이 될 수 있다.

인테리어 풍수에서 가장 중요한 공간 중의 하나는 사람들이 많은 시간을 거주하는 공간이다. 아파트와 같은 주택에서는 '거실'과 '안방 침실'의 향일 것이며, 사무실에서는 사무실의 '창문'이 바라보는 향일 것이다.

두번째로 중요한 것이 침실의 '침대 머리'의 방향이다. 특히 침대의 머리 방향은 나쁜 기운을 막고 몸과 마음을 편안하게 해주는 방향으로, 불면증이 완화되거나 수면의 질이 좋아지는 효과도 기대할 수 있어 재물뿐 아니라 건강과 관련해서 신경 쓰면 좋다.

세번째로 자녀들의 학업 성취와 관련해서 중요한 방위는 '책상'의 방향이다. 좋은 기운으로 인해 학업운과 공부의 집중력에 도움을 줄 수 있어, 공부 운이 중요한 시기에는 더욱 신중하게 고려하면 좋다.

네번째로 '화장실과 주방'도 명리풍수에서 중요한 공간이다. 재물운과 건강운에 직접 영향을 미치는 공간으로, 오행의 균형을 맞추는 조율이 중요하다. 화장실은 수(水)의 기운이 강하고, 주방은 수(水)와 화(火)의 기운이 강한 곳인데, 명의 구조에 따라 균형점이 바뀔 수 있다.

우리는 종종 운이란 타이밍, 즉 '때'의 문제라고 생각한다. 그러나 아무리 좋은 운이 와도 그것을 받아들일 문이 열려 있지 않다면, 그 운은 스쳐 지나갈 수 있다. 반대로 흐름에 맞는 문을 열어두면, 운은 자연스레 그 문을 열고 들어온다.

명리 인테리어에서 방위는 기운이 드나드는 길이며, 운이 찾아오는 문이다. 기운의 길을 읽고 온전히 그 기운을 받아들일 수 있는 사람은 그 문으로 들어오는 행운을 반갑게 맞이할 수 있을 것이다.

공간이 운(運)을 만든다
운테리어(運terior)의 지혜

해바라기 그림이 모두에게 재물을 불러오지는 않는다

세상이 불확실해지고 불황의 시간이 길어질수록, 사람들은 눈에 보이지 않는 어떤 힘에 기대고 싶어 한다. 최근 몇 년 사이, 사람의 운과 공간 디자인을 함께 고려하는, 이른바 '운(運)'과 '인테리어'를 결합한 운테리어(運terior)가 주목받는 것도 같은 맥락에서 이해할 수 있다.

과거의 풍수지리가 조상의 묘를 어디에 쓸 것인가 하는 음택(陰宅)의 선택에 관심을 두었다면, 현대의 운테리어(運terior)는 아파트와 빌딩 속에서 살아가는 우리가 '지금 이곳에서' 어떤 방식으로 운을 다스릴 것인가에 초점을 맞춘다.

운테리어에서 흔히 등장하는 상징 중 하나가 바로, 해바라기 그림이다. "돈이 들어온다"는 말과 함께 많은 사람들이 거실 벽에 해바라기 그림을 걸어두곤 한다. 해바라기가 태양을 따라 움직이는 식물이고, 태양의 강한 양의 기운과 황금빛 꽃잎이 '돈(금전)'을 상징한다고 믿기 때문이다.

그러나 명리학의 관점으로 보면 이야기는 조금 달라진다. 앞서 설명했듯, 태양은 화(火)의 기운을, 노란색은 토(土)의 기운을 상징한다. 문제는 이 화와 토의 기운이 모든 사람에게 재물을 불러오는 것은 아니라는 점이다. 어떤 사람에게는 화와 토의 기운이 금전운의 흐름을 여는 에너지가 되지만, 또 다른 사람에게는 오히려 재성운을 극(剋)하는 기운으로 작용해 손재수를 불러올 수도 있다.

중요한 것은 해바라기라는 그림 자체가 아니라, 그 그림이 내 명(命)과 얼마나 조화를 이루느냐에 있다. 누구에게나 똑같이 적용되는 행운의 상징은 없다. 먼저 내 사주의 구조를 이해하고, 나에게 필요한 오행의 기운이 무엇인지를 알아야 한다. 그래야만 공간 속 사소한 인테리어 소품 하나도 내 길운을 돕는 개운템이 될 것이다.

공간에 운(運)을 입히다

공간은 단순히 기능적인 장소가 아니다. 그곳은 곧 나의 운명이 숨

쉬는 무대다. 작은 소품 하나, 색채 하나가 기운의 흐름을 바꾸고, 그 변화가 재물운과 건강운은 물론 나의 성격·심리에도 영향을 미칠 수 있다.

최근「트렌드 코리아 2026」에서 이른바 '기분경제'라는 개념을 설명하면서, 감정을 뜻하는 '필(feel)'과 경제의 '이코노미(economy)'를 합성한 필코노미(feelconomy)라는 용어를 제안했다.[11] 이제 소비는 기능이나 가격만의 문제가 아니라 "내가 어떤 기분을 느끼는가?"가 지갑을 여는 중요한 동인으로 자리 잡았다는 의미다.

예전에는 다소 가볍게 여겨졌던 기분이나 감정이 이제는 소비를 이끄는 중요한 기준으로 부각되고 있다는 사실은 운테리어가 지향하는 방향과 그 결을 같이 한다.

이는 급변하는 디지털 경제 시대, 이른바 '초개인화'의 트렌드 속에서 나의 감정을 세심하게 관리하려는 욕구가 커지고 있음을 보여준다. 이런 관점에서 볼 때, 나의 기분과 기운을 끌어올려 줄 수 있는 운테리어는 단순히 공간에 운을 입히는 장식을 넘어, 나 자신에게 힘을 주고 행복감을 끌어올리는 작지만 강력한 개운법이 될 수 있다.

운테리어에서 중요한 공간 중 하나가 바로 '현관'이다. 현관은 외부의 에너지가 집 안으로 들어오는 첫 번째 관문이기 때문이다. 이 흐름이 어긋나면 아무리 집 안을 아름답게 꾸며도 좋은 기운이 머물지 못

---

11   출처 : 김남도 외, 「트렌드 코리아 2026」, 미래의창, 2025, 160쪽

한다. 따라서 자신의 사주 구조와 맞는 방위에 현관을 두는 것이 이상적이지만, 아파트나 사무실 구조상 그것이 쉽지 않은 경우도 많다. 이럴 때는 거울을 이용해 기운의 흐름을 조절할 수 있다. 다만 문을 열자마자 정면에 거울을 두는 것은 피해야 한다. 집 안의 좋은 기운이 밖으로 빠져나갈 수 있기 때문이다. 대신 측면 벽에 거울을 설치하거나, 파티션(가벽)이나 화분을 두어 나쁜 기운이 집 안으로 곧장 들어오지 않도록 유도하는 것이 좋다.

한편 집 안에서 수(水)의 기운이 가장 강한 곳은 '화장실'이다. 따라서 수(水)의 기운이 많거나 명이 지나치게 습한 사람이라면, 화장실에 화(火)나 토(土)의 기운을 보완해주는 인테리어 요소를 통해 집 전체의 기운을 균형 있게 맞출 수 있다. 예를 들어 토(土)의 기운이 중요한 사람이라면, 화장실 벽을 노란색 타일로 마감하거나 노란 계열의 그림이나 소품을 배치하면 좋을 것이다. 이는 토극수(土剋水)라는 오행의 상극 관계를 공간에 응용한 것으로, 단순한 인테리어가 아니라 화장실이라는 수(水)의 공간에 토(土)의 기운을 더해 균형을 맞추는 하나의 개운법이라 할 수 있다.

또 다른 예로, 화(火)의 기운이 필요한 사주라면 공간에 화의 기운을 불러일으키기 위해 조명등을 인테리어 소품으로 활용할

미니돌체 램프 ©아이겐하임

수 있다. 이 때 화를 상징하는 '빨간색 조명등'을 선택한다면, 더욱 강하게 화의 기운을 끌어올리는데 도움이 될 것이다.

운테리어의 유행은 단순한 미신의 산물이 아니다. 그것은 불확실한 시대를 살아가는 사람들이 자신의 운을 주체적으로 다루려는 시도이며, 명리학이 말하는 자연의 이치가 삶 속으로 들어온 결과다.

중요한 것은 남들이 좋다고 하는 해바라기 그림을 무턱대고 걸어두는 것이 아니다. 내 명이 필요로 하는 오행의 기운을 먼저 이해하고, 그것을 채워줄 수 있는 공간을 만들어 가는 과정이 중요하다. 아침에 침대에서 눈을 떴을 때 나에게 좋은 기분을 전해주는 그림을 가장 먼저 마주하게 된다면, 하루의 시작은 훨씬 가벼워질 것이다. 활기와 긍정의 에너지가 자연스레 올라오고, 그 리듬이 하루 전체의 분위기를 바꿔줄 수 있다.

공간이란 결국 나의 운이 자리를 잡는 터전이다. 벽지의 색상, 작은 그림 하나, 조명등이나 거울의 위치까지 사소해 보일 수 있는 것들이 쌓여 결국 내 운의 흐름을 바꿀 수 있다. 공간이 달라지면 기운이 달라지고, 기운이 달라지면 사람의 심리 상태도 달라지는 것이다. 이것이 명리학이 말하는 '장소'의 힘이며, 우리가 운테리어를 단순한 인테리어가 아닌 삶의 전략으로 바라봐야 하는 이유다.

AI 시대에도 명리학이 여전히 의미 있는 이유

명리학과 인공지능(AI), 서로 닿기 어려운 이유

요즘 기업들의 모바일 어플리케이션을 보면, 고객 마케팅의 일환으로 '운세 보기' 서비스를 제공하는 것을 어렵지 않게 볼 수 있다. 몇 년 전만 해도 다소 낯설게 느껴졌던 운세 콘텐츠가 이제는 자연스럽게 우리의 일상 속으로 스며든 것이다. 이러한 유행은 한국을 넘어 해외로까지 확산되고 있다. 최근에는 이른바 'K-사주풀이'라는 이름으로 외국인 관광객들이 한국을 찾아 정기적으로 사주 상담을 받는 사례도 있다고 한다. 이러한 명리학에 대한 관심은 인공지능(AI) 영역으로까지 이어져, 초등학생 진로 상담에 AI 사주풀이를 활용하는 경우까지 등장했다고 하니, 세상의 변화가 참으로 놀라울 따름이다.

지인들 중에는 챗GPT(ChatGPT)에 자신의 생년월일시를 입력해 사주풀이를 받아본 뒤 "운이 좋다고 했는데, 챗GPT는 다르게 애기하던데 뭐가 맞는 거야?"라며 묻는 이들도 있다. 나 또한 호기심에 나의 사주를 입력해 AI의 운세풀이를 받아본 적이 있다. 결론부터 말하자면, 아직은 AI를 통한 사주풀이가 정확하다고 보기 어렵다고 본다. 이는 단순히 기술 수준이 부족해서가 아니라, 명리학이라는 학문이 지닌 본질적인 특성에 기인한다.

오늘날의 AI는 과거와 달리 대형 언어모델(LLM)을 통해 스스로 학습(Self-supervised Learning)하는 기술을 갖추었다. 하지만 여기서 말하는 '스스로'란 어디까지나 인간이 설계한 학습 체계와 데이터 구조 안에서만 가능한 것이다.

AI는 주어진 데이터를 분석하고 그 안에서 패턴을 찾아내 정답을 예측한다. 사용자의 피드백을 통해 답변을 조금씩 개선해 나가기도 한다. 그러나 출발점이 되는 명리학 이론과 통변에 대한 데이터 자체가 부정확하다면, 아무리 정교한 모델이라도 잘못된 해석을 내놓을 수밖에 없다. 실제로 AI가 제시한 사주풀이에서 첫번째 단추인 '사주팔자 여덟 글자'부터 틀리는 경우도 아직은 적지 않다.

0과 1로 설명되지 못하는 명리학의 세계

AI 학습의 한계를 극명하게 보여주는 대표적인 예가 '바둑'이다. 바둑과 같은 게임은 이기고 지는 결과가 명확히 존재하기 때문에 AI가 빠르게 학습할 수 있다. 알파고(AlphaGo)의 등장이 그 대표적인 예이다. 알파고는 초기에 전문 기사들이 제공한 수백만 건의 기보를 학습한 뒤 스스로 대국하며 패턴을 정립했고, 인간처럼 심리적으로 흔들리지 않고 오직 승리를 위한 효율적 연산만을 수행하며 인간 프로 기사를 이겼다.

그러나 명리학은 바둑과 다르다. 바둑에는 '이겼다' 또는 '졌다'라는 절대적인 결과가 존재하지만, 명리학에는 그런 단일한 정답이 없다. 명리학은 단순한 공식이 아니라, 기운을 읽고 맥락을 해석하는 인문학적 학문이다. 수천 년 동안 축적된 경험과 해석, 철학이 복합적으로 얽혀 있으며, 때로는 그 깊이를 깨달은 고수들이 재야에 묻혀 전하지 못한 지식도 많다. 한문 원전의 해석 과정에서 오류가 생기거나, 시대에 따라 개념이 다르게 전해진 경우도 적지 않다. 무엇보다 잘못된 통변의 결과가 단기간에 드러나지 않으며, 이론의 깊이 또한 단순하지도 않다는 차이점이 있다. AI가 아무리 많은 텍스트를 학습한다 해도, "왜 이 사람에게는 이 운이 재복이 되고, 저 사람에게는 손재가 되는지"를 사람의 수준에서 통찰하기는 아직 어렵다고 본다.

무엇보다 명리학의 세계에는 옳고 그름 자체가 고정되어 있지 않다. 서구의 사고는 플라톤의 이데아(Idea)처럼 불변하는 본질과 절대적 진리를 추구하며, 이를 0과 1의 이진법으로 환원하는 이분법적 세계관을 가지므로 컴퓨터의 언어와 잘 맞는다. 반면 명리학이 뿌리내린 동양의 사고는 자연의 흐름처럼 옳고 그름조차 때와 상황에 따라 달라지는 유동적이고 상대적인 세계관을 보인다.

명리학은 종종 '미래를 맞히는 학문'으로 오해 받지만, 본질은 다르다. 명리학은 미래를 예언하는 학문이 아니라, 자연의 흐름을 이해하고 그 속에서 자신의 길을 찾아가는 학문이다. 즉, 명리학이 말하는 명운(命運)이란 고정된 미래의 시나리오가 아니라, 변화하는 기운의 흐름 속에서 내가 어떤 선택을 하고 어떻게 움직일 것인가를 성찰하는 언어다.

AI는 축적된 데이터를 통해 '예측'에는 점점 능숙해질 수 있다. 그러나 '이해'는 데이터만으로 도달할 수 있는 영역이 아니다. 그리고 바로 그 지점에서, 명리학의 진정한 매력이 드러난다. 지금은 '승리의 수'인 바둑의 한 수가 '때'가 달라지거나, '장소'가 바뀌면 힘을 잃어 틈새를 보이며 패배의 원인이 될 수 있다. 지금의 봄이 30년 뒤의 봄과 같지 않음이 자연의 이치이듯, 작지만 큰 결과를 만드는 끊임없이 변하는 유동성과 상대성은 오늘날의 AI가 아직 이해하기 어려운 영역일 것이다.

AI가 설명하지 못하는 것, 명리학이 말해주는 것

명리학이 AI에게 어려운 또 하나의 이유는, 같은 사주라도 상황에 따라 그 해석이 달라진다는 점이다. 동일한 사주팔자 여덟 글자라 하더라도 대운이 어떤 흐름을 이루는지, 연운과의 합·충이 어떤 방식으로 작용하는지에 따라, 그리고 무엇보다 명의 주인을 둘러싼 환경이 어떠한지에 따라 전혀 다른 해석이 가능하다.

명리학에서 더 중요한 것은 "무엇이 올 것인가?"보다 "그 흐름 속에서 내가 어떻게 반응할 것인가?"이다. 이것은 단순한 연산으로 예측할 수 있는 영역이 아니다. 인간의 삶은 방정식이 아니라 관계식이며, 수학이 아니라 이야기에 가깝다.

거듭 강조하듯, 우리는 하늘이 준 명운(命運)대로만 살지 않는다. 부모나 친구와 같은 환경 요인도 삶의 궤적에 깊게 작용한다. 그러므로 명운 못지않게 환경에 따른 변화를 함께 읽어야 하며, 이를 결코 간과해서는 안 된다.

AI가 어떤 사람의 사주를 계산하고, 운을 예측할 수 있을지는 모른다. 그러나 그 사람이 그 운 앞에서 어떤 마음을 품고, 어떤 결정을 내릴지는 계산으로 예측하기 어렵다. 사주팔자 여덟 글자 안에는 명의 주인이 가지고 있는 심리와 성향, 내면의 욕망까지도 담겨 있지만 이를 데이터로 입력하기는 쉽지 않다. AI가 이를 섬세하게 읽어내기 위해서는 수많은 변수와 맥락을 모두 정확히 학습해야 하며, 단순한 데이터 패턴만으로는 결코 도달할 수 없는 수준의 고찰이 필요할 것이다.

AI가 명리학을 완벽하게 해석하기까지는 아직 갈 길이 멀다. 잘못된 데이터나 피드백은 잘못된 학습 결과를 낳고, 그 결과는 다시 사람들에게 왜곡된 해석으로 돌아올 수 있다. 명리학처럼 철학적 사유와 경험, 미묘한 맥락 해석이 중요한 학문을 단순한 데이터 패턴으로 환원하는 일은 아직 어려움이 많을 것이다.

그렇다고 해서 AI가 명리학과 무관하다는 뜻은 아니다. 언젠가 명리학에서 AI를 '도구'로 활용하는 시대는 올 것이다. 오히려 AI의 발전은 어쩌면 명리학을 지금보다 더 넓은 세계로 확장시키는 계기가 될지 모른다. 다만 그것이 진정한 명리학에 다가가기 위해서는 깊은 이론적 이해와 섬세한 통변력, 수많은 사례 축적, 그리고 동양적 사고의 유연성을 AI에게 전하려는 꾸준한 노력이 필요할 것이다. 아무쪼록 이 책이 그러한 길을 향한 작은 불씨가 되어, 오래된 지혜가 새로운 시대와 만나는 여정에 조금이라도 힘을 보탤 수 있기를 바란다.

길 위에서, 다시 삶을 바라보다

사람들에게 '처음'이라는 단어는 언제나 설렘과 함께 오래 기억되는 의미를 지닌다. 부동산학 박사로서 이미 두 권의 책을 출판한 경험이 있지만, 이 책의 집필을 시작하고 출판을 결심했을 때의 마음은 이전과는 달랐다. 설렘과 걱정이 나란히 자리했고, 그 감정은 마치 숲 속을 나 홀로 조용히 산책하다가 우연히 내딛은 한 걸음에 숲 속 밖 새로운 세상으로 걸어 나온 듯한 느낌에 가까웠다. 부동산학이 아닌 명리학으로 나를 세상에 소개하는 첫 책이었고, 서로 다른 두 세계-명리학과 부동산학-를 하나의 시선으로 연결하는 작업이었다.

이 책을 마치며 다시 생각해 본다. 내가 명리학을 공부하게 된 출발점은 여느 사람과 다르지 않았다. '나 자신'을 이해하고, 삶을 좀 더 주도적으로 들여다보고 싶다는 바람에서 비롯되었다. 공부의 여정이 어느덧 6부 능선쯤을 넘어서고 보니, 비로서 세상을 조금은 객관적으로 바라볼 수 있게 되었다. 명리학은 미래를 맞히는 기술이 아니라, 나의 본성을 이해하고 삶의 여정에서 만나게 되는 사람들, 그리고 매 순간의 선택을 더욱 단단하게 만들어주는 공부라는 사실을 깨닫게 된 것이다.

사주팔자는 정해진 결말을 알려주는 지도가 아니라, 내가 가야 할 '때'와 '장소', 그리고 '길'을 알려주는 하나의 가이드북에 가깝다. 같은 지도를 손에 쥐고도 누군가는 조급함에 길을 잃고, 누군가는 자신만의 속도로 끝내 목적지에 이르게 된다. 중요한 것은 사주팔자 그 자체가 아니라, 나의 명운(命運)을 어떻게 읽고 어떤 태도로 대하는가에 있다.

통변을 통해 때와 장소와 길을 알게 되더라도, 그 길을 가야 하는 '목적'을 스스로 깨닫지 못한다면, 아무리 큰 부와 명예의 길운이 들어온다 하더라도 그 운을 온전히 살리지 못한 채 흘려보낼 수 있다. 태어난 시간과 명의 구조는 바꿀 수 없지만, 그것을 해석하고 삶에 활용하는 방식은 달라질 수 있다. 명리학을 공부하고 나니, 다른 사람의 운을 그저 부러워하기보다 지금의 내 명운에 감사하며, 지나온 힘든 시기를 견뎌온 나 자신을 따뜻하게 안아주고 싶어졌다. 무엇보다 "잘 물든 단풍은 봄꽃보다 아름답다"는 어느 스님의 말씀처럼, 나의 나무가 아름답게 단풍들 날을 설렘으로 기다릴 수 있게 되었다.

이 책이 독자 여러분이 품어왔던 모든 질문에 만족스러운 답을 제시하지는 못할지도 모른다. 다만 명리학이라는 넓고 깊은 바다 위에서, 스스로에게 질문을 던질 수 있는 방향을 비추는 작은 등대가 되기를 바랄 뿐이다. 나는 지금 어떤 흐름 위에 서 있는지, 내 인생의 꽃 필 때는 언제인지, 어떤 길을 가야 하며 그 길을 위해 지금 무엇을 준비해야 하는지, 그리고 내가 서 있어야 할 장소는 어디인지 말이다. 사계절이 끊임없이 변하듯, 명리학은 그 질문들에 단 하나의 정답을 제시하지는 않지만, 적어도 엉뚱한 길로 들어서지 않도록 안내하고 나만의 목적지에 이르는 길을 잃지 않도록 도와주는 '비밀지도'가 되어줄 것이다.

길을 묻는 나이에 명리학을 배우기 시작했고, 그 공부의 기록을 이렇게 한 권의 책으로 남기게 되었다. 한 편의 박사논문을 쓰는 마음으로, 명리학의 학문적 이론적 토대를 한 단계 더 다지는데 작은 보탬이 되기를 바란다. 동시에 이 책이 나 자신에게도 명리학 공부의 또 다른 출발점이 되어, 부족함을 채우고 깊이를 더욱 다져가는 계기가 되기를 기대한다.

이 책을 덮는 순간, 독자 각자의 삶에도 또 하나의 에필로그가 시작될 것이다. 부디 자신의 때를 준비하고, 자신의 장소를 알아차리며, 가야 할 천명의 길을 조급해하지 않고 걸어가길 바란다. 그 길 위에서 이 책이 작은 가이드북이 되어, 독자 여러분과 함께 목적지에 닿을 수 있다면, 저자로서 더할 나위 없는 기쁨일 것이다.

운의 비밀지도

초판 인쇄 2026년 2월 14일
초판 발행 2026년 2월 21일

지은이 유현선
발행인 조현수
펴낸곳 도서출판 더로드
기획 조영재
디자인 디자인봄 정의도
주소 경기도 파주시 광인사길 68. 201-4호
전화 031) 942-5364, 5366
팩스 031-942-5368
이메일 provence70@naver.com
등록번호 제2015-000135호
등록 2015년 6월 18일
ISBN 979-11-6338-508-0 (03180)

정가 20,000원